SIEMPRE
ALEGRE

SIEMPRE ALEGRE

50 días para vencer aquellas cosas que intentan destruir su vida

Joyce Meyer

NEW YORK · NASHVILLE

FaithWords
Hachette Book Group
1290 Avenue of the Americas, New York, NY 10104
faithwords.com
twitter.com/faithwords

FaithWords es una división de Hachette Book Group, Inc. El nombre y logotipo de
FaithWords corresponden a una marca registrada de Hachette Book Group, Inc.

La editorial no es responsable de los sitios web (o su contenido)
que no son propiedad de la editorial.

El Hachette Speakers Bureau proporciona una amplia gama de
autores para dar charlas. Si desea obtener más información, visite
www.hachettespeakersbureau.com o llame al (866) 376-6591.

A menos que se indique lo contrario, el texto bíblico ha sido tomado de la Santa
Biblia, NUEVA VERSIÓN INTERNACIONAL® NVI® © 1999, 2015 por Biblica, Inc.®
Usada con permiso de Biblica, Inc.® Todos los derechos reservados en todo el mundo. /
Las escrituras marcadas como «NTV» son tomadas de la Santa Biblia, Nueva
Traducción Viviente, © 2010 por Tyndale House Foundation. Usada con permiso de
Tyndale House Publishers, Inc., 351 Executive Dr., Carol Stream, IL 60188, Estados
Unidos de América. Todos los derechos reservados. / Las escrituras marcadas como
«RVC» han sido tomadas de la versión Reina Valera Contemporánea® © Sociedades
Bíblicas Unidas, 2009, 2011. Todos los derechos reservados. / Las escrituras
marcadas como «TLA» son tomadas de la Traducción en lenguaje actual, © 2000
Sociedades Bíblicas Unidas. Usada con permiso. / Las escrituras marcadas como
«PDT» son tomadas de La Biblia: La Palabra de Dios para Todos (PDT) © 2005, 2008,
2012, 2015 por Centro Mundial de Traducción de la Biblia. Usada con permiso.

Traducción, edición y corrección en español por LM Editorial Services |
lmeditorial.com | lydia@lmeditorial.com con la colaboración de Belmonte
Traductores (traducción del texto).

ISBN: 978-1-5460-0134-8 (tapa blanda)
E-ISBN: 978-1-5460-0139-3 (libro electrónico)

Primera edición en español: mayo 2022

Impreso en los Estados Unidos de América | Printed in the USA

LSC-C

Printing 1, 2022

ÍNDICE

Una de las historias más destacadas en la Biblia es el relato del apóstol Pablo, anteriormente conocido como Saulo. Cuando era joven, era celoso de seguir la ley judía; celoso hasta el punto de perseguir a los cristianos. Según Hechos 8:3, él "causaba estragos en la iglesia: entrando de casa en casa, arrastraba a hombres y mujeres y los metía en la cárcel". Debido a su odio hacia los seguidores de Cristo, estaba decidido a detener la extensión de la iglesia primitiva. En estas actividades, Saulo creía verdaderamente que estaba sirviendo a Dios y haciendo lo correcto. Más adelante en su vida entendió que Dios tuvo misericordia de él, porque lo hacía por ignorancia e incredulidad (ver 1 Timoteo 1:13).

Aunque Saulo hizo muchas cosas equivocadas, Dios, en su misericordia, escogió visitarlo de una forma asombrosa. Según Hechos 9:1-2, "Saulo, respirando aún amenazas de muerte contra los discípulos del Señor", pidió permiso al sumo sacerdote para viajar a Damasco, con la esperanza de capturar y encarcelar a más creyentes en Cristo. Pero sucedió algo asombroso y maravilloso durante ese viaje:

> En el viaje sucedió que, al acercarse a Damasco, una luz del cielo relampagueó de repente a su alrededor. Él cayó al suelo y oyó una voz que le decía:

—Saulo, Saulo, ¿por qué me persigues?

—¿Quién eres, Señor? —preguntó.

—Yo soy Jesús, a quien tú persigues —le contestó la
voz—.

Hechos 9:3-5

Tras este encuentro, Saulo fue conocido como Pablo. Una
de las lecciones de la conversión milagrosa de Pablo es que, si
la gracia de Dios puede transformar a un perseguidor de cristianos y convertirlo en uno de los mayores héroes del cristianismo, Él puede hacer *cualquier cosa* por *cualquier persona*. Sin
importar lo que usted necesite en su vida, Dios puede hacer que
suceda.

La experiencia de Pablo en el camino de Damasco lo cambió
completamente: de ser un perseguidor de cristianos a ser un
poderoso ministro del evangelio y escritor de cartas del Nuevo
Testamento que han dado forma a la teología cristiana por
siglos. Pablo fue perdonado y transformado, al punto que, tras
su encuentro personal con Jesús, le dio la espalda para siempre
a su antigua vida y comenzó a emplear toda su pasión y su energía en ayudar a otros a conocer a Jesús y vivir vidas victoriosas
en Cristo.

Una de las marcas de la vida y los escritos de Pablo es su alegría rebosante. De hecho, se le ha llamado "el apóstol de la alegría". La alegría es un fruto del Espíritu Santo (Gálatas 5:22-23)
y una cualidad que puede variar desde la alegría extrema hasta
el deleite calmado. Debido a que el Espíritu Santo vive en nosotros como creyentes, podemos tener y demostrar alegría en toda
circunstancia que enfrentemos. Cualquiera puede estar alegre
cuando tiene todo lo que quiere o cuando todo va muy bien,
pero se necesita el poder del Espíritu Santo para mantenerse

alegre firmemente en el corazón cuando enfrentamos dificultades o decepciones. La alegría nos ayuda a disfrutar de los periodos felices de la vida y nos da fortaleza para perseverar en la fe y confiar en los tiempos difíciles. Según Nehemías 8:10, "el gozo del Señor es nuestra fortaleza". Mientras más alegres estemos, más fuertes seremos.

Así como Cristo tuvo ese encuentro con Saulo en un viaje y lo convirtió en un hombre alegre, es mi oración que Él tenga un encuentro con usted en el viaje que emprendemos por los escritos de Pablo en los siguientes 50 días, a medida que obtiene más fortaleza para estar alegre en cualquier circunstancia. Estos pasajes han cambiado mi vida, me han ayudado a madurar en Cristo, y me han enseñado a encontrar alegría en mi diario vivir, a pesar de lo que ese día pueda traer. Creo que harán lo mismo por usted mientras medita en ellos y los aplica a su vida. Estoy orando por usted, para que mientras recorre este libro, Dios lo use para llevarle hacia la alegría que proviene de tener una relación con Él más profunda, más estrecha y más poderosa.

CAPÍTULO 1

La gracia y la paz conducen a la alegría

Gálatas 1:3-5, RVC

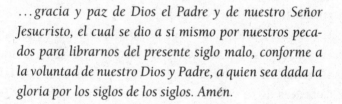

…*gracia y paz de Dios el Padre y de nuestro Señor Jesucristo, el cual se dio a sí mismo por nuestros pecados para librarnos del presente siglo malo, conforme a la voluntad de nuestro Dios y Padre, a quien sea dada la gloria por los siglos de los siglos. Amén.*

P ablo comienza frecuentemente sus cartas con la frase: "Que Dios nuestro Padre y el Señor Jesucristo les concedan gracia y paz". Estas palabras no son simplemente un saludo, sino también una bendición hermosa y poderosa. Este saludo era mucho más beneficioso para el oyente de lo que nuestros saludos podrían ser en la actualidad. Quizá nosotros saludamos a una persona diciendo "hola" o "qué tal". Sin embargo, al decir que "les concedan gracia y paz", Pablo expresa su sincero deseo: que sus lectores experimenten en sus vidas el poder de la gracia asombrosa y la paz maravillosa de Dios "que sobrepasa todo entendimiento" (Filipenses 4:7).

Al comenzar juntos este viaje de 50 días, oro para que reciba gracia y paz, y espero que sea cada vez más consciente de todas las maneras en las que la gracia y la paz de Dios le ayudarán en cada área de su vida. Es también mi oración que usted busque deliberadamente que Dios le extienda gracia y paz, porque cuando busca esas cosas, verá que Él las hace disponibles en más aspectos de los que pueda haber imaginado.

> Porque el reino de Dios no es cuestión de comidas o bebidas, sino de justicia, paz y alegría en el Espíritu Santo.
> Romanos 14:17

A lo largo de los años he creado una descripción personal de la gracia. Para mí, gracia es el favor y el poder de Dios inmerecidos y gratuitos que nos capacitan para hacer con facilidad lo que nunca podríamos hacer por nosotros mismos con cualquier cantidad de esfuerzo propio. Somos salvos por gracia por medio de la fe en Jesucristo (Efesios 2:8), y podemos vivir nuestras vidas cotidianas ocupándonos de nuestra familia, dirigiendo nuestros hogares, cumpliendo con nuestras responsabilidades laborales, y haciendo todo lo demás que hacemos cada día, por la gracia mediante la fe. No hay límite alguno a los aspectos en los que necesitamos la gracia de Dios y, por fortuna, no hay límite alguno en la gracia que Dios está dispuesto a darnos. Jerry Bridges escribió en *La disciplina de la gracia*, y yo estoy de acuerdo en que "nuestros peores días nunca son tan malos que estemos más allá del *alcance* de la gracia de Dios. Y nuestros mejores días nunca son tan buenos que estemos por encima de la *necesidad* de la gracia de Dios".

Entender y recibir la gracia de Dios hace posible que podamos vivir en paz. Cuando escucho a personas decir que no tienen paz en sus vidas lo lamento por ellas, porque una vida sin paz es difícil, estresante, y falta de alegría. Independientemente de lo que cualquier otra persona pueda tener, como poder, posición, una educación académica excelente, un buen aspecto físico, riquezas, una personalidad atractiva, amigos influyentes o posesiones, todo eso no tiene ningún valor personal si la persona no tiene paz que lo acompañe. De hecho, todas esas cosas externas pueden convertirse en cargas cuando las personas no tienen paz interior.

La gracia conduce a la paz, y la paz conduce al gozo y la alegría. De hecho, no creo que sea posible ser verdaderamente alegre si no estamos viviendo en la gracia y la paz de Dios. Cuando utilizo la palabra *gozo* o *alegre*, no me estoy refiriendo a lo que el mundo denomina "felicidad" o "feliz". La felicidad aumenta y disminuye, dependiendo de las situaciones o los estados de ánimo en los que se encuentran las personas; pero la alegría puede permanecer firme en medio de los altibajos, y a pesar de lo que el mundo denominaría "mal humor". La alegría no está determinada por las circunstancias. Es un regalo de Dios, y sigue a una vida de gracia. Como diría un anciano espiritual acerca del gozo: "El mundo no lo da, y el mundo no lo puede quitar".

Dios le ofrece a usted su gracia y su paz hoy y cada día. Cuando usted vive en Él, tiene acceso a su gracia y su paz en toda situación, lo cual le conducirá a un mayor gozo y alegría.

Para pensar

1. Recibir la gracia y la paz de Dios ¿cómo llevó gozo y alegría a una situación específica en su vida?

2. ¿Qué circunstancias están desafiando su alegría en este momento, y cómo puede usted recibir la gracia y la paz de Dios en medio de ellas?

CAPÍTULO 2

El fruto del Espíritu Santo

Gálatas 5:22-23

En cambio, el fruto del Espíritu es amor, alegría, paz, paciencia, amabilidad, bondad, fidelidad, humildad y dominio propio. No hay ley que condene estas cosas.

La alegría es un fruto del Espíritu Santo, quien vive en todos los creyentes. Si Jesucristo es su Señor y Salvador, su Espíritu Santo vive en usted y le da la capacidad de atravesar toda situación con amor, alegría, paz, paciencia, amabilidad, bondad, fidelidad, humildad y dominio propio.

Puede que observe que las primeras palabras en el versículo de hoy son *en cambio*, lo cual nos hace preguntarnos qué había antes. Los versículos precedentes enumeran las obras de la carne (la vida sin la guía de Dios), entre las que se incluyen "inmoralidad sexual, impureza y libertinaje; idolatría y brujería; odio, discordia, celos, arrebatos de ira, rivalidades, disensiones, sectarismos y envidia; borracheras, orgías, y otras cosas parecidas" (Gálatas 5:19-21).

> *Como hijos de Dios, tenemos al Espíritu Santo viviendo en nuestro interior, y con Él vienen todos los frutos del Espíritu, incluida la alegría.*
>
> Joyce Meyer

Pero existe una alternativa al tipo de vida problemática y sin alegría a la que conducen las obras de la carne (o la naturaleza pecaminosa), y es el fruto del Espíritu Santo. Me gustaría alentarle a tomar un momento para pensar en las obras de la carne y después en el fruto del Espíritu. Usted tiene la libertad de escoger cómo quiere vivir. Yo he escogido vivir por el Espíritu, y espero que usted también lo haga.

El fruto del Espíritu no aparece sencillamente en nuestra vida cuando nos convertimos en cristianos. Comienza con una semilla diminuta que es plantada cuando entregamos nuestra vida a Cristo, y se desarrolla con el tiempo, igual que lo haría una manzana o una pera. Mientras más la cultivemos o practiquemos, más fuerte y más madura se hará.

La primera palabra en la lista del fruto es *amor*, y la última palabra es *dominio propio*. Esto es importante, porque podemos cultivar todo el fruto enfocándonos en el amor y el dominio propio. Cada fruto se deriva del amor y es una forma de amor, pero también se mantiene en su lugar mediante el dominio propio. Voy a explicarlo.

Si usted se concentra en desarrollar el fruto del amor, también demostrará alegría, paz, paciencia, amabilidad, bondad, fidelidad y humildad. En ocasiones, puede que no tenga ganas de expresar estas cualidades, pero el dominio propio le permitirá mostrarlas. Como ejemplo, considere el fruto de la paciencia. Digamos que usted ama a su hijo adolescente con todo su corazón, pero un día, él o ella parece determinado a hacer todo lo que a usted le exaspera. Debido a que usted ama a Dios y ama a su hijo, no querrá impacientarse, perder los nervios, y decir palabras enojadas y dañinas que después lamentará. ¿Cómo evitaría hacer eso? Dominio propio. Creo que puede ver exactamente a lo que me refiero, y puede entender cómo se aplicaría el mismo principio al resto del fruto del Espíritu.

Hay ocasiones en la vida cuando las circunstancias parecen ser tan difíciles o tristes, que uno pensaría que no es posible poder estar alegre. Incluso podríamos preguntarnos si alguna vez volveremos a experimentar alegría. Esos son los momentos para ejercer el dominio propio y recordarnos a nosotros mismos que el gozo y la alegría del Señor viven en nosotros y que son nuestra fortaleza. Usted puede alegrarse en el hecho de que conoce a Dios, que Él oye y responde la oración, que cuida de usted, y que *nunca* le abandonará. Algunas temporadas de la vida son felices y maravillosas, y otras no lo son. La felicidad es una emoción humana que a menudo depende de las circunstancias, pero la alegría es un fruto del Espíritu Santo: una cualidad que proviene de nuestra relación con Dios. Por eso, cada temporada de su vida puede tener su alegría única, porque el Espíritu Santo vive en usted.

Para pensar

1. Piense en los frutos del Espíritu Santo. ¿En cuál de ellos necesita enfocarse hoy?
2. ¿Cómo puede ayudarle el dominio propio a crecer en ese fruto?

CAPÍTULO 3

La importancia de ayudar a otros

Gálatas 6:2

Ayúdense unos a otros a llevar sus cargas, y así cumplirán la ley de Cristo.

Un modo en que el enemigo intenta robarnos la alegría es intentando poner más estrés o presión sobre nosotros del que creemos que podemos soportar. Podría hacerlo mediante presión financiera, el peso de saber que un hijo adulto batalla contra una adicción, tener que tomar una decisión difícil, ser tratado injustamente, u otras situaciones incontables que nos resultan una carga. Cuando intentamos llevar cargas pesadas en nuestras propias fuerzas sin la gracia de Dios, nuestro corazón puede agotarse.

Si alguna vez ha intentado llevar una carga que simplemente parecía demasiado para usted, entonces puede imaginar cuán maravilloso habría sido tener a alguien que se pusiera a su lado para ayudarle a llevar la carga. Creo que Pablo entendía cuán difícil puede ser llevar una carga, porque nos enseña: "Ayúdense unos a otros a llevar sus cargas" (Gálatas 6:2).

Muchas personas creen que el secreto de la alegría reside en conseguir lo que quieren. Pero yo he aprendido que las mayores alegrías de la vida se encuentran en mirar más allá de nosotros mismos y hacer todo lo que podamos para ayudar a otros. Un motivo de eso es que, cuando otros necesitan ayuda y la obtienen, se sienten alegres, aliviados, agradecidos y bendecidos. Siempre que sienta que desciende su nivel de alegría, haga algo por otra persona, y preste atención a cómo se siente mucho mejor.

> *No puedo ni siquiera imaginar dónde estaría hoy si no fuera por el puñado de amigos que me han entregado un corazón lleno de alegría.*
> Charles R. Swindoll

La carta de Pablo a los Gálatas tenía la intención de

recordarles que eran libres de la ley ceremonial del Antiguo Pacto, pero en Gálatas 6:2 les dice que cumplan la nueva ley de Cristo, que es el amor, cuando escribe: "Ayúdense unos a otros a llevar sus cargas, y así cumplirán la ley de Cristo". Esto puede parecer contradictorio, pero no lo es. En el pasaje de hoy, Pablo habla de cumplir la ley moral del amor: amarnos los unos a los otros, que es el mandamiento nuevo que Jesús da (Juan 13:34). Nuestra salvación no depende de cumplir esta ley, pero nuestro nivel de espiritualidad es evidente por el fruto del amor que mostramos en nuestras vidas.

No se les promete a los cristianos vidas sin cargas, sufrimientos y retos. Muchas personas batallan con preocupación, ansiedad, temor, problemas financieros, problemas en las relaciones, depresión, soledad, enfermedad, y otras incontables situaciones dolorosas. Debemos soportar con ellas y ayudarles a llevar sus cargas. Eso puede significar escuchar, orar por ellas, hacer una llamada telefónica para comprobar cómo están, hacer recados para ellas, ayudarles financieramente, o simplemente sentarnos con ellas mientras se duelen o lidian con su situación. Si les escuchamos hablar de lo que están atravesando, podemos descubrir fácilmente un modo de poder ayudar.

Quizá usted está en un periodo en el que la vida es buena y no tiene cargas, pero hay personas a su alrededor que están batallando bajo el peso de sus cargas; es importante recordarlas en oración y ofrecernos a ayudar de maneras prácticas.

En ocasiones, todo el mundo necesita ayuda; y, en ocasiones, todo el mundo puede ser de ayuda para otros. Nadie es demasiado importante para servir o ayudar a otros. Pablo dice que resistamos la ambición egoísta y "con humildad consideren a los demás como superiores a ustedes mismos" (Filipenses 2:3). Aunque no debemos pensar de nosotros mismos de maneras degradantes o despreciativas, también debemos entender que, ante los ojos de Dios, nuestro prójimo es igual de valioso que nosotros.

Recordemos que, aunque Jesús era "por naturaleza Dios", tomó "la naturaleza de siervo" (Filipenses 2:6-7). Podemos seguir su ejemplo al servir también a otros, y un modo de servirlos es ayudarles a llevar sus pesadas cargas. Eso les alentará a ellos y producirá alegría en nosotros.

Para pensar

1. ¿A quién en su vida le vendría bien su ayuda para llevar su carga en este momento?
2. ¿De qué maneras concretas puede usted ayudar a esa persona?

CAPÍTULO 4

Dios nos ha dado toda bendición espiritual

Efesios 1:3

Alabado sea Dios, Padre de nuestro Señor Jesucristo, que nos ha bendecido en las regiones celestiales con toda bendición espiritual en Cristo.

Los versículos de hoy nos dan la buena noticia de que ya hemos sido bendecidos con las bendiciones espirituales que Dios tiene disponibles para nosotros, y esa es ciertamente una razón para estar alegres. Las bendiciones espirituales son distintas a las bendiciones materiales. Una persona puede que tenga una gran riqueza material y esté en el pináculo del éxito según el mundo, y sin embargo puede estar en bancarrota en términos de bendiciones espirituales como salvación, paz, alegría, contentamiento, sabiduría, comunión con Dios, y verdadero poder espiritual.

Dios nos ha provisto todo lo que necesitamos; sin embargo, a menudo desperdiciamos años intentando obtener cosas que significan mucho menos que las bendiciones espirituales que Él ya nos ha dado porque somos sus hijos. Todas esas buenas bendiciones están a nuestra disposición en este momento para que las poseamos, pero tenemos que preguntarnos: ¿hemos poseído nuestras posesiones? A lo que me refiero con esa pregunta es que, a pesar de lo que Dios ha provisto para nosotros, sus regalos no nos ayudan a menos que los recibamos por la fe. Recibimos por la fe al creer en las promesas de Dios.

Por ejemplo, Dios nos prometido sabiduría y alegría. ¿Cree usted que tiene sabiduría? ¿Cree que la alegría reside ya en su espíritu, o está intentando encontrar alegría en cosas que no tienen la capacidad de darle nunca verdadera alegría? Cuando cree que tiene algo, ya no lo busca.

Lo explicaré un poco más. Yo tengo una casa, y tiene muchas cosas estupendas en su interior. También tengo una llave de mi

> *La alegría es la forma más simple de gratitud.*
> Karl Barth

casa, la cual me da acceso a todo lo que hay dentro. Pero, si no uso la llave, entonces las pertenencias del interior de la casa no me hacen ningún bien. La llave a todas las cosas buenas (bendiciones espirituales) que Dios ya ha provisto está en la creencia de que nos pertenecen. Podemos vivir con fe como la de un niño que simplemente acepta lo que Dios dice sin necesidad de tener prueba física de ello. Hebreos 11:1 dice: "Ahora bien, la fe es la garantía de lo que se espera, la certeza de lo que no se ve".

Mientras más entendamos lo que Dios ha hecho ya por nosotros por medio de Jesús y más lo recibamos por fe, más capaces seremos de encontrar alegría verdadera en cada día. Nuestra vida verdadera no se encuentra en nuestras circunstancias, sino en nuestro interior. Jesús dice que el reino de Dios está entre nosotros (Lucas 17:21). Eso significa que nunca tendremos acceso a las bendiciones espirituales y a las cosas de Dios mirando al entorno o los recursos exteriores; las encontraremos en nuestros corazones.

Quisiera alentarle a levantarse cada mañana y pensar: *Tengo todo lo que necesito para tener un día maravilloso. Está en mi corazón porque, por medio de Cristo, Dios ya me ha bendecido con toda bendición espiritual.* Descubrirá que pensar de ese modo será mucho mejor que intentar durante todo el día encontrar algo para hacerle feliz y después quedar decepcionado porque, de cierta manera, lo que usted pensó que quería le eludió una vez más, o consiguió lo que quería pero no le causó alegría como pensaba que sucedería. Comience su día con este pensamiento positivo: *Dios me ha bendecido hoy*, y se encontrará más alegre durante todo el día.

Para pensar

1. ¿Qué necesita para disfrutar verdaderamente su vida?
2. ¿Ha "poseído las posesiones" que Dios le ha dado?

CAPÍTULO 5

Saber quiénes somos en Cristo

Efesios 1:7-10

En él tenemos la redención mediante su sangre, el perdón de nuestros pecados, conforme a las riquezas de la gracia que Dios nos dio en abundancia con toda sabiduría y entendimiento. Él nos hizo conocer el misterio de su voluntad conforme al buen propósito que de antemano estableció en Cristo, para llevarlo a cabo cuando se cumpliera el tiempo, esto es, reunir en él todas las cosas, tanto las del cielo como las de la tierra.

El pasaje de la escritura de hoy comienza con las palabras "en él", refiriéndose a "en Cristo". Este término de dos palabras tan importantes aparece con frecuencia en el Nuevo Testamento y representa una poderosa verdad espiritual que elevará su alegría a un nivel totalmente nuevo.

¿Qué significa estar "en él"? Significa precisamente esto: Dios ve a quienes han recibido por la fe a Jesús como su Salvador como "en Cristo", y debido a eso, todas las promesas maravillosas de Dios son para nosotros. Podemos tomarlas personalmente y creerlas para nosotros mismos. Jesús se sacrificó por nosotros para que pudiéramos obtener y experimentar las bendiciones y la bondad de Dios, y las recibimos gratuitamente mediante nuestra fe en Él.

En cierto sentido, como hijos de Dios vivimos en dos lugares. Las personas a las que Pablo escribió en Efesios vivían en la ciudad de Éfeso, pero él también quería hacerles saber que vivían en Cristo. Yo vivo en St. Louis, Missouri, pero también vivo en Cristo. Nuestra vida natural la vivimos con nuestros pies en la tierra, pero simultáneamente tenemos otra vida, una vida espiritual en nuestro corazón, y vivimos esa vida en Cristo.

> La alegría es la señal infalible de la presencia de Dios.
> Pierre Teilhard de Chardin

Llegamos a un punto decisivo en nuestra vida como cristianos cuando entendemos quiénes somos en Cristo. Yo fui cristiana por muchos años antes de aprender esta verdad y, como resultado, vivía con frustración y no experimentaba ninguna victoria práctica en mi vida diaria. Debido a que era creyente, tenía las promesas de Dios de paz y alegría, pero como no sabía quién era yo en Cristo, a menudo vivía con agitación e infelicidad en mi interior.

Muchos cristianos pasan sus vidas intentando obtener cosas que ya les pertenecen en Cristo. Por ejemplo, puede que intenten obtener una relación correcta con Dios mediante las buenas obras y la buena conducta, y sin embargo terminan defraudados porque siempre fracasan. Pero cuando ven la verdad del evangelio y entienden que, porque están en Cristo, Dios ya los ve con una relación correcta con Él (según 2 Corintios 5:21), su lucha cesa y aumenta la alegría. Podemos aprender a descansar en la obra terminada de Cristo en el Calvario. Mientras colgaba de la cruz, Jesús dijo: "Consumado es" (Juan 19:30, RVC); y se refería a que Él se había convertido en el "sacrificio expiatorio" (el pago) por todos nuestros pecados: pasados, presentes y futuros (1 Juan 2:2; 4:10). Él cumplió la ley, y la puerta quedó abierta para que todo aquel que crea disfrute de una relación personal y cercana con Dios.

Crecemos en el conocimiento de quiénes somos en Cristo estudiando la Palabra de Dios y permitiendo que transforme nuestro pensamiento. Estas diez confesiones basadas en la Escritura le ayudarán a establecerse más firmemente en lo que significa que usted está en Cristo a medida que piensa en ellas, decide creerlas, y las declara en voz alta:

1. Estoy vivo con Cristo (Efesios 2:5).
2. Soy libre de la ley del pecado y de la muerte (Romanos 8:2).
3. Soy santo y sin mancha delante de Él en amor (Efesios 1:4; 1 Pedro 1:16).

4. Tengo la mente de Cristo (1 Corintios 2:16; Filipenses 2:5).

5. Tengo la paz de Dios, que sobrepasa todo entendimiento (Filipenses 4:7).

6. Tengo al más grande viviendo en mí; mayor es el que está en mí que el que está en el mundo (1 Juan 4:4).

7. Todo lo puedo en Cristo Jesús (Filipenses 4:13).

8. Soy una nueva criatura en Cristo (2 Corintios 5:17).

9. Soy más que vencedor por medio de Aquel que me ama (Romanos 8:37).

10. Soy la justicia de Dios en Cristo Jesús (2 Corintios 5:21).

Para pensar

1. ¿Qué verdad mencionada arriba necesita que se establezca más en este momento?

2. ¿Cómo puede usted demostrar de maneras prácticas que cree esa verdad?

CAPÍTULO 6

Fortaleza y estabilidad

Efesios 3:16-17

Le pido que, por medio del Espíritu y con el poder que procede de sus gloriosas riquezas, los fortalezca a ustedes en lo íntimo de su ser, para que por fe Cristo habite en sus corazones.

En la escritura de hoy, Pablo comienza orando por algo que muchas personas necesitan y por lo que piden a menudo: ser fortalecidos. En la versión *Amplified Bible* (en inglés), se traduce también como ser "vigorizados espiritualmente". Necesitamos fortaleza y energía espiritual en todas las áreas de nuestra vida; sin embargo, el tipo concreto de fortaleza por el que ora Pablo es definitivamente la más importante: fortaleza en nuestro ser interior. Cuando hablamos de ser interior nos referimos a nuestro yo interior, el cual engloba nuestros pensamientos, emociones, voluntad y conciencia. La fortaleza interior nos hace atravesar las dificultades y los retos de la vida a la vez que nos permite estar alegres.

A menudo oramos por fortaleza física para ser capaces de continuar con un proyecto que nos ha dejado cansados y fatigados, o para superar una situación estresante. Esto ciertamente es apropiado y bueno, pero la fortaleza en el ser interior es incluso más valiosa que la energía natural y la perseverancia. Cuando somos fuertes en nuestro interior, esa fortaleza a menudo se manifiesta o aparece como una determinación que nos lleva hasta la victoria al margen de las muchas dificultades.

Ser fortalecido en nuestro interior nos capacita para ser firmes y estables, y una de las cualidades que las personas del mundo necesitan ver en nosotros es estabilidad. Un cristiano estable es un gran testimonio y ejemplo. Si no somos estables interiormente y nuestro temperamento y compromiso con Dios cambian

> No estén tristes, pues el gozo del SEÑOR es nuestra fortaleza.
>
> Nehemías 8:10

constantemente según nuestras circunstancias, no inspiramos a las personas a querer conocerlo a Él. Pero, si nos mantenemos emocionalmente firmes en medio de cada situación, las personas lo observan. Esta estabilidad viene de la fortaleza interior, no de la fortaleza física. A modo de ejemplo, piense en esto: sin importar cuántas veces una persona débil levante pesas para desarrollar sus músculos, eso no le ayudará a ser emocionalmente estable en los momentos difíciles. Solo Dios desarrolla en nosotros fortaleza interior.

Cuando usted o alguien que usted conoce está experimentando una gran prueba física, mental, emocional, relacional, económica o de cualquier otra índole, la mejor manera de orar es como lo hizo Pablo en esta maravillosa oración. Ore por fortaleza interior y poder. Ore pidiendo que el poder de Dios llene la parte más íntima de su ser mediante su Espíritu.

La *Amplified Bible* indica en Efesios 3:16 que somos fortalecidos por el Espíritu Santo "que habita en nuestra parte más íntima y en nuestra personalidad" (traducido del inglés). Nuestra personalidad es la forma en que nos expresamos. Nuestros pensamientos y actitudes con respecto a todo se expresan mediante nuestra personalidad; y tener una personalidad llena del Espíritu es algo que a mí me parece estupendo.

Sencillamente imagine lo que mejorarían nuestras relaciones si todos tuviéramos personalidades llenas del Espíritu. Esto, claro está, significa que Dios y sus caminos se verían en nosotros y a través de nosotros diariamente al interactuar con otros. Sin duda, podemos ver la importancia de esta oración que hizo Pablo en Efesios 3:16-17. Ciertamente fue guiado por el Espíritu Santo en su oración.

Si yo hubiera tenido que orar por las personas a las que escribió Pablo en Efesios, quizá hubiera orado por ellos pidiendo que fueran protegidos de la dificultad y librados de sus pruebas, pero Pablo hizo una oración mucho mejor y más valiosa. ¿Por qué orar para que cada pequeña dificultad que se nos presenta sea eliminada? ¿No sería mejor orar para ser tan fuertes en nuestro ser interior que apenas nos diéramos cuenta de las dificultades y ciertamente no nos afectaran? De ese modo, podríamos seguir teniendo paz y alegría a la vez que andamos en amor hacia los demás.

A menudo oro pidiendo fortaleza interior, quizá varias veces al día. Le animo a que comience a hacer también esta oración tan importante, tanto para usted como para las personas que ama.

Para pensar

1. Basándose en lo que ha aprendido de la lectura de hoy, ¿por qué es tan importante la fortaleza interior?
2. ¿En qué áreas concretas de su vida necesita orar para tener más fortaleza interior?

CAPÍTULO 7

Dedíquese a la oración

Colosenses 4:2

Dedíquense a la oración: perseveren en ella con agradecimiento.

Una de las mejores maneras de encontrar y mantener la alegría en nuestra vida es dedicarnos a la oración. Creo que algunas personas malentienden lo que es realmente la oración, así que me gustaría aclarar algunos conceptos erróneos al respecto. En primer lugar, la oración no es una obligación; es el mayor privilegio que tenemos. En segundo lugar, la oración no es una actividad religiosa, sino una conversación relacional. Si espiritualizamos en exceso la oración y la convertimos en algo que no es, no querremos orar. No es necesario estar en un determinado lugar, adoptar cierta postura o usar palabras teológicas con un tono de voz concreto. En tercer lugar, no tenemos que orar por un periodo de tiempo concreto o en momentos específicos del día. La oración es sencillamente hablar con Dios y escucharle como lo haríamos si tuviéramos una conversación con un amigo. Dios es nuestro amigo, y quiere interactuar con nosotros tal como somos sin tener que aparentar ser "religiosos" o súper espirituales. Podemos tener momentos especiales separados para la oración, y eso es bueno, pero tengamos en mente que podemos orar en cualquier lugar y en cualquier momento. Quizá a usted le gusta arrodillarse cuando ora, y si es el caso, está bien, pero también puede orar mientras da un paseo.

Me gusta enseñar a la gente a orar a lo largo del día. Deje que la oración se convierta en algo parecido a la respiración. Cada día, comience una conversación con Dios sobre cualquier cosa. Mientras avanza en su día, simplemente hable con Él sobre todo lo que ocurre, sobre las personas que se encuentra, sobre lo que piensa y sobre cómo se siente. No hay nada, *nada*, que esté fuera de los límites con Dios. Si hay algo en su mente, puede contárselo todo a Él. La oración abre la puerta al poder de Dios y le invita a cambiar cosas y personas. Abre puertas que usted nunca podría abrir, y cierra puertas que conducirían a cosas que no son buenas.

> Para que nuestra alegría esté completa, todo lo completa que pueda estar en este mundo, debemos orar mucho.
>
> Matthew Henry, Comentario completo (Juan 15:11)

La oración es lo que cambia nuestras circunstancias y nuestras relaciones, y también nos cambia a nosotros. Es asombroso orar y después ver a Dios responder nuestras oraciones. Es una de mis alegrías más grandes en esta vida.

Hay muchas razones para orar, pero quiero enfocarme solo en una de ellas: Dios nos escucha y responde cuando oramos. Según Santiago 5:16, "la oración ferviente de una persona justa tiene mucho poder y da resultados maravillosos" (NTV).

Algunas personas son reticentes a orar porque no creen que Dios les escuchará y responderá. Otros dudan en orar porque son independientes y quieren hacer las cosas por sí mismos. No reconocen lo mucho que Dios les ama y quiere ayudarlos. Dios está interesado en todo lo que nos preocupa. Por muy pequeño o insignificante que pueda ser el asunto, si nos preocupa, Dios quiere consolarnos. Si algo es demasiado difícil para nosotros, Él quiere ayudarnos. Lo único que tenemos que hacer es pedírselo (Santiago 4:2).

En el versículo de hoy, Pablo nos enseña no solo a ser perseverantes sino también agradecidos. Siempre que oremos, deberíamos hacerlo con un corazón agradecido. Podemos dar gracias a Dios de antemano por la forma en que Él responderá a nuestras oraciones y por todas las cosas buenas que ha hecho en nuestras vidas. Mientras más agradecidos estemos, más alegres estaremos.

Para pensar

1. ¿Cuáles son algunas maneras concretas en las que podría dedicarse más a la oración?
2. Recuerde alguna ocasión en la que Dios respondió a su oración, y dedique un momento a darle gracias de nuevo por haberlo hecho.

CAPÍTULO 8

La alegría de estar arraigados y edificados en Cristo, Parte 1

Colosenses 2:6-7

Por eso, de la manera que recibieron a Cristo Jesús como Señor, vivan ahora en él, arraigados y edificados en él, confirmados en la fe como se les enseñó, y llenos de gratitud.

Me gustaría que hoy y mañana nos enfoquemos en la idea de estar "arraigados y edificados" en Cristo, lo cual conduce a una vida con una fe, agradecimiento y alegría que van en aumento. Al igual que un árbol en el mundo natural puede ser fuerte porque está profundamente arraigado y edificado, usted y yo podemos permitir que las raíces de nuestra vida sean profundas en Dios, y sobre esto está hablando Pablo en Colosenses 2:6-7.

Me gusta la forma en que la *Amplified Bible* (en inglés) traduce Colosenses 2:7 por varias razones. Explicaré hoy una de esas razones, y mañana las otras dos. El versículo dice:

> Planten las raíces de su ser en él firme y profundamente, siendo edificados continuamente en él, estando cada vez más confirmados y establecidos en la fe, así como les fue enseñado, y abundando y rebosando en ello con agradecimiento. (Traducción libre).

Una razón por la que aprecio esta versión de Colosenses 2:7 es que se enfoca en la vida interior. Cuando Pablo escribe en Colosenses 2:7 sobre "las raíces de su ser", se está refiriendo a la profundidad de la persona que somos interiormente. Todos tenemos una vida interior y una vida exterior. La vida exterior es la que presentamos a otras personas. Puede incluir nuestra manera de vestir o nuestro estilo de peinado, nuestra conducta, el automóvil que tenemos o la casa donde vivimos, nuestra educación académica, empleo, aficiones e intereses, nuestros dones, las habilidades que desarrollamos, o nuestras redes sociales y conexiones.

La vida interior es lo que ocurre en nuestro ser interior, donde la gente no puede mirar. Es nuestro propio mundo de pensamientos, sentimientos, ideas, creencias y decisiones. Es aquí donde está nuestro corazón, y es aquí donde conectamos con Dios. De hecho, la Biblia dice: "El reino de Dios no es algo que pueda verse" (Lucas 17:21, TLA). Cuando recibimos a Cristo como Señor y Salvador, Él viene a vivir en nuestro interior por el Espíritu Santo. Su vida dentro de nosotros en realidad transforma nuestra vida exterior, pero esa transformación comienza en nuestro corazón.

> *La felicidad es el resultado de lo que ocurre cuando nos van bien las cosas. La alegría tiene sus orígenes en lo más profundo. Y esa fuente nunca se seca, pase lo que pase. Solo Jesús da esa alegría.*
>
> S. D. Gordon

Una buena vida no tiene que ver con lo que sucede en el exterior, cosas como nuestras circunstancias, lo que la gente piense de nosotros, o cuán exitosos parezcamos ser según los estándares del mundo. Muchas personas hoy día miran solo a lo externo de la vida de otras personas, y deciden creer que las personas que parecen tener ciertas apariencias externas deben tener una "buena vida". La verdad es que una buena vida tiene que ver con lo que ocurre en nuestro interior.

He aprendido que las personas pueden vivir bajo las mejores circunstancias del mundo y, sin embargo, sentirse unos miserables si tienen malas actitudes. Si piensan de forma negativa, tienen emociones negativas, o no se gustan a sí mismos, seguirán siendo infelices. Por otro lado, las personas pueden enfrentar todo tipo de retos en sus circunstancias y aun así estar alegres.

Muchas personas en el mundo de hoy están haciendo frente a problemas económicos, problemas familiares, problemas de salud, y todo tipo de dificultades; sin embargo, conocen al Señor y confían en Él, y encuentran alegría y fuerza en Él. Con la mentalidad correcta, un corazón alegre, una buena actitud y la confianza de que Dios le ama, su vida interior puede ser fuerte y tener paz y alegría. Puede superar los retos y las pruebas de la vida sin sentir que son obstáculos insuperables. Sus pruebas puede que aún sigan siendo un reto para usted, pero no tiene que venirse abajo por las malas actitudes, pensamientos erróneos o emociones negativas que le roban su alegría.

Para pensar

1. ¿Cómo afecta su vida personal interior a su vida exterior?
2. Piense en alguien que se haya mantenido alegre en medio de una situación muy difícil. ¿Cómo le ha impactado a usted la alegría de esa persona?

CAPÍTULO 9

La alegría de estar arraigados y edificados en Cristo, Parte 2

Colosenses 2:6-7

Por eso, de la manera que recibieron a Cristo Jesús como Señor, vivan ahora en él, arraigados y edificados en él, confirmados en la fe como se les enseñó, y llenos de gratitud.

Hoy quiero seguir examinando la versión que nos da la *Amplified Bible* (en inglés) de Colosenses 2:7:

> Planten las raíces de su ser en él firme y profundamente, siendo edificados continuamente en él, estando cada vez más confirmados y establecidos en la fe, así como les fue enseñado, y abundando y rebosando en ello con agradecimiento.

Ayer mencioné que aprecio esta traducción del versículo porque se enfoca en la vida interior. Una segunda razón por la que me gusta este versículo es que enfatiza lo que significa estar arraigado en Cristo al decir "profundamente" plantados. Todo lo que esté profundamente plantado también es edificado y fortalecido.

Hay una gran diferencia entre las cosas plantadas superficialmente y las plantadas profundamente. Es cierto en el mundo natural, y también es cierto en nuestra vida espiritual. Piénselo de este modo: yo podría hacer un agujero no muy profundo en mi jardín y plantar un árbol pequeño. Pero, en una tormenta, el árbol probablemente se caería porque sus raíces son demasiado superficiales. Por el contrario, si hay un roble que lleva décadas plantado en mi jardín y su sistema de raíces ya ha profundizado en el suelo, tendría más confianza en que ese árbol soportaría tormentas o fuertes vientos.

> *Los preceptos del SEÑOR son rectos: traen alegría al corazón.*
>
> Salmos 19:8

El salmista describe a una persona profundamente arraigada de la siguiente manera:

> Dichoso el hombre que no sigue el consejo de los malvados, ni se detiene en la senda de los pecadores ni cultiva la amistad de los blasfemos, sino que en la ley del Señor se deleita, y día y noche medita en ella. Es como el árbol plantado a la orilla de un río que, cuando llega su tiempo, da fruto y sus hojas jamás se marchitan. ¡Todo cuanto hace prospera!
>
> Salmos 1:1-3

Observemos que alguien que es como un árbol profundamente arraigado medita en la Palabra de Dios "día y noche". *Meditar* en la Palabra de Dios es ser como una vaca que rumia su comida: mastica, y mastica, y mastica. Cuando usted se come su comida, masticar bien es muy importante. Si no lo hace, no recibirá todos los beneficios de comerla. Puede aplicar esta idea al modo en que aborda la Palabra de Dios. Su forma de meditar en la Palabra es trayéndola una y otra vez a su mente, pensando en ella con profundidad, pidiéndole al Espíritu Santo que le revele su significado, y reflexionando en cómo puede aplicarla a su vida. La palabra *meditar* en realidad significa "confesar o musitar una y otra vez", casi en susurros.

La idea de meditar en la Palabra conecta con la tercera razón por la que me gusta Colosenses 2:7 en la *Amplified Bible*. Dice que debemos ser "edificados continuamente" en Cristo y estar "más confirmados y establecidos en la fe" (traducción libre). Estamos cada vez más establecidos en nuestra fe al recordarnos constantemente lo que dice la Palabra de Dios, estudiándola repetidamente, y oyéndola y declarándola una y otra vez, como acabamos de leer en Salmos 1:1-3.

Nadie ha escuchado nunca lo suficiente de la Palabra de Dios. Todos necesitamos más y más de ella, cada día. Siempre nos fortalece, siempre nos ayuda, y siempre nos lleva a la victoria. Le animo a estudiar la Palabra de Dios con entusiasmo, como si estuviera esperando encontrar una preciosa gema bíblica que le ayudará mucho. Tome cada frase que estudie de forma personal, como si el Espíritu Santo hubiera inspirado la escritura de la Biblia solo para usted.

Para pensar

1. ¿Qué puede hacer para crecer en su fe y estar arraigado de manera más profunda en Cristo?
2. ¿Cómo puede aumentar su alegría el hecho de estar profundamente arraigado y edificado en Cristo?

CAPÍTULO 10

Cómo recibir las bendiciones de Dios

Gálatas 3:7-9

Por lo tanto, sepan que los descendientes de Abraham son aquellos que viven por la fe. En efecto, la Escritura, habiendo previsto que Dios justificaría por la fe a las naciones, anunció de antemano el evangelio a Abraham: «Por medio de ti serán bendecidas todas las naciones». Así que los que viven por la fe son bendecidos junto con Abraham, el hombre de fe.

¿Cree usted que Dios quiere bendecirle mucho más de lo que está siendo bendecido ahora? Él sí que quiere hacerlo. Seguro que eso haría que su alegría aumentara, ¿cierto? Él tiene muchas bendiciones preparadas para usted, y aunque quizá no posee aún todo lo que Él finalmente quiere darle, puede creer que Él actuará a su debido tiempo y de la forma adecuada. Puede recibir sus bendiciones por la fe y anticiparlas.

¿Cómo recibimos todo lo que Dios tiene para nosotros? Lo recibimos por la fe, teniendo la confianza de un niño en que lo que Dios ha prometido en su Palabra es cierto, y si lo esperamos pacientemente, lo recibiremos. Al margen de cuánto tiempo puedan tardar en manifestarse las bendiciones, podemos esperar con confianza, sabiendo que Dios nunca nos dejará (Deuteronomio 31:8) y que "todas las promesas que ha hecho Dios son «sí» en Cristo. Así que por medio de Cristo respondemos «amén» para la gloria de Dios" (2 Corintios 1:20). Podemos decir junto con el salmista: "En ti confían los que conocen tu nombre, porque tú, SEÑOR, jamás abandonas a los que te buscan" (Salmos 9:10).

Quizá usted aún no está donde quiere estar ahora mismo en ciertas áreas de su vida, pero puede estar agradecido pues tampoco está donde solía estar. Está progresando, aunque solo sea poquito a poquito. Celebre sus victorias y progresos en lugar de quejarse por sus fallos.

> *Como creyentes, nuestra alegría y paz no están basadas en hacer y lograr, sino en creer. La alegría y la paz llegan como resultado de nuestra relación con el Señor.*
>
> Joyce Meyer

Cada paso que da, incluso los pequeñitos, le acercan más para recibir más de Dios.

Pablo recuerda a los gálatas que Dios prometió a Abraham que le bendeciría, y que "los descendientes de Abraham son aquellos que viven por la fe" y que "son bendecidos junto con Abraham, el hombre de fe" (Gálatas 3:7, 9). Jesús es un descendiente de Abraham, y las bendiciones prometidas a él (Abraham) llegan a nosotros a través de Jesucristo porque somos "aquellos que viven por la fe".

El pacto de Dios con Abraham se produjo 430 años antes de la entrega de la ley a Moisés. Abraham heredó por la fe, pero después Moisés y los israelitas trabajaron y se esforzaron para obedecer la ley. La Palabra de Dios no nos dice que nosotros heredamos las bendiciones de Moisés; nos dice que heredamos las bendiciones de Abraham. Dios dio la ley por una razón: para demostrar a la humanidad que no podíamos cumplir y que necesitamos un Salvador. Jesús cumplió la ley en su totalidad, y porque estamos en Él, somos libres de todas sus reglas y estipulaciones, y podemos vivir por la gracia mediante la fe.

Yo quiero bendecir a mis hijos y a mis nietos de muchas maneras, y lo único que quiero de ellos es su amor, su respeto, y algo de su tiempo. Creo que podemos ver fácilmente que Dios quiere lo mismo de nosotros. Nadie ha visto o imaginado todas las cosas buenas que "Dios ha preparado para quienes lo aman" (1 Corintios 2:9). Como esto es cierto, debería ser nuestro privilegio darle a Él nuestro amor y adoración, y pasar tiempo en su presencia.

Abraham creyó en Dios, y su fe le fue contada como aprobado delante de Dios (ver Gálatas 3:6). Usted y yo también tenemos la maravillosa oportunidad de creer a Dios. Como Abraham, podemos creerle en cuanto a lo que no podemos ver, y podemos esperar confiadamente y con una alegre expectativa todas las bendiciones que Él quiere darnos por ser sus hijos.

Para pensar

1. ¿Cree que Dios tiene bendiciones preparadas para usted, muchas más de las que está experimentando actualmente?

2. ¿Cómo está ejercitando su fe con respecto a las bendiciones que Dios quiere darle?

CAPÍTULO 11

¡Ha sido adoptado!

Gálatas 4:4-7

Pero, cuando se cumplió el plazo, Dios envió a su Hijo, nacido de una mujer, nacido bajo la ley, para rescatar a los que estaban bajo la ley, a fin de que fuéramos adoptados como hijos. Ustedes ya son hijos. Dios ha enviado a nuestros corazones el Espíritu de su Hijo, que clama: «¡Abba! ¡Padre!» Así que ya no eres esclavo, sino hijo; y, como eres hijo, Dios te ha hecho también heredero.

En Gálatas 4:4-5, Pablo ofrece un breve resumen del porqué Dios envió a su Hijo Jesús a la tierra: "para rescatar a los que estaban bajo la ley, a fin de que fuéramos adoptados como hijos". Ser adoptado es convertirse en una parte legal de una familia, con todos los derechos, privilegios y responsabilidades de un hijo biológico. Así es como Dios nos ve: como sus verdaderos hijos e hijas. Pablo continúa explicando en los versículos 6 y 7 que, debido a que somos hijos de Dios, el Espíritu Santo vive en nuestro corazón y da testimonio (confirmación o seguridad) de que Dios es nuestro Padre. Y la buena noticia continúa: como hijos de Dios, no nos relacionamos con Él como lo hacen los esclavos con sus amos, sino como los hijos y las hijas se relacionan con un Padre amoroso. Sabemos que somos hijos de Dios porque el Espíritu Santo hace que nuestro corazón dé testimonio de esta verdad (Romanos 8:15-16).

Bajo el Antiguo Pacto (la manera antigua de relacionarnos con Dios bajo la ley), no estábamos redimidos ni nos relacionábamos correctamente con Dios. Las personas trabajaban mucho y muy duro para llegar a ser aceptables ante Dios intentando guardar la Ley de Moisés. ¡Qué vida tan carente de alegría y tan cansada! Pero bajo el Nuevo Pacto (la manera de relacionarnos con Dios por la gracia mediante la fe), recibimos a Jesús por fe. Nacemos de nuevo y somos hechos nuevos (1 Pedro 1:23; 2 Corintios 5:17), y tenemos la capacidad de ser guiados por el Espíritu Santo, no por reglas y estipulaciones que nos dirigen a medida que intentamos relacionarnos con Dios. Él nos ha redimido de todo lo que la ley nos exige. Nos convertimos en hijos y herederos en lugar de trabajadores o siervos.

Tenemos el derecho de una herencia completa, la cual Dios nos da
poco a poco a medida que crecemos
espiritualmente.

Pablo escribe con más profundidad sobre nuestra posición como
herederos de Dios en Romanos
8:14-17:

> *Creer de manera simple,
> como un niño, nos da la
> alegría que reside en
> nuestro espíritu porque
> el Espíritu Santo vive ahí.*
> Joyce Meyer,
> *Devocionario Mujer
> segura de sí misma*

Porque todos los que son guiados por el Espíritu de Dios
son hijos de Dios. Y ustedes no recibieron un espíritu que
de nuevo los esclavice al miedo, sino el Espíritu que los
adopta como hijos y les permite clamar: «¡*Abba*! ¡Padre!»
El Espíritu mismo le asegura a nuestro espíritu que
somos hijos de Dios. Y, si somos hijos, somos herederos;
herederos de Dios y coherederos con Cristo, pues, si ahora
sufrimos con él, también tendremos parte con él en su
gloria.

Ser coherederos con Cristo significa que compartimos sus
bendiciones espirituales y su herencia por nuestra fe en Él.
Jesús dice que todo lo que el Padre tiene es suyo, y todo lo que
es suyo también es nuestro (Juan 16:15). Esto me da una gran
alegría, y estoy segura de que provoca el mismo impacto en
usted. Las personas que reciben una herencia, por lo general se
alegran de conseguirla, aunque hayan perdido a un ser querido.
Como hijos de Dios, podemos estar seguros de que Él nunca
nos dejará. Él siempre está con nosotros a través del Espíritu
Santo, y nos da una herencia mientras también nos permite que
disfrutemos de su presencia.

Dios nos hace parte de su familia porque *quiere* ser nuestro

Padre, no por lo que nosotros hacemos o no hacemos. Solo cuando entendemos que no podemos hacer nada para lograr que Dios nos ame o nos acepte, y entendemos que somos salvos y que somos justos delante de Dios a través de Cristo y solo a través de Él, podemos vivir verdaderamente. Entonces podemos experimentar la vida como deberíamos como hijos de Dios, y disfrutar de las bendiciones que Él quiere darnos como coherederos con Cristo.

Para pensar

1. En sus propias palabras, ¿por qué ser un hijo de Dios le da alegría?
2. ¿Qué diferencia establece en su vida el hecho de saber que es coheredero con Cristo?

CAPÍTULO 12

La justicia viene mediante la fe

Gálatas 5:2-6

Escuchen bien: yo, Pablo, les digo que, si se hacen circuncidar, Cristo no les servirá de nada. De nuevo declaro que todo el que se hace circuncidar está obligado a practicar toda la ley. Aquellos de entre ustedes que tratan de ser justificados por la ley han roto con Cristo; han caído de la gracia. Nosotros, en cambio, por obra del Espíritu y mediante la fe, aguardamos con ansias la justicia que es nuestra esperanza. En Cristo Jesús de nada vale estar o no estar circuncidados; lo que vale es la fe que actúa mediante el amor.

El tema de la lectura de hoy es este: nadie puede tener justicia propia y la justicia de Dios mediante la fe en Jesús al mismo tiempo. Una vez que Jesús cumplió la ley del Antiguo Testamento (Mateo 5:17), la circuncisión (la señal externa de pertenencia a Dios) dejó de ser necesaria. Ahora entramos en una relación con Él al poner nuestra fe en Él y demostrar esa fe mediante nuestro amor por Él.

Los judíos que leyeron la carta de Pablo a los gálatas en ese entonces debieron haberlo pasado mal con el pasaje de hoy, porque significaba que su obediencia a la ley del Antiguo Pacto (incluyendo la circuncisión) no significaba nada. Durante generaciones habían estado orgullosos de haber cumplido la ley y de su justicia propia. Ahora, Pablo estaba diciendo que sus propios esfuerzos no valían para nada y que además eran problemáticos. Les estaban impidiendo conseguir lo que querían: una relación cercana y personal con Dios a través de Jesucristo.

Creo que la mayoría de los cristianos quieren saber que pueden tener una relación cercana y personal con Dios y que Él nos ve como justos, no como si hubiera algo malo en nosotros. Pablo nos asegura esto en 2 Corintios 5:21, que dice que Dios a Jesús "lo trató como pecador, para que *en él recibiéramos la justicia de Dios*" (énfasis de la autora). No tenemos que rogarle a Dios que nos haga justos. Podemos darle gracias por estar *en Cristo*. Esta realidad

> *Encuentre su alegría al estar relacionado con Dios correctamente, y de usted fluirán ríos de agua viva.*
>
> Oswald Chambers

espiritual me da una gran alegría cada día, y es mi oración que usted lo entienda también y se alegre por ello.

Algunas personas sienten que Dios está enojado con ellas, y ven sus dificultades como una disciplina o un castigo de Dios. Esto me entristece porque sencillamente no es cierto; sin embargo, entiendo esta manera de pensar porque, durante muchos años, había una pregunta que recorría mi mente casi constantemente: *¿Qué es lo que estoy haciendo mal?* Y, cada vez que cometía un error, pensaba que Dios estaba enojado conmigo. Desarrollé esta manera de pensar errónea porque mi padre terrenal a menudo se enojaba y me castigaba. Cuando llegué a conocer a Dios personalmente, llevé esa mentalidad a mi relación con Él. Pero Dios no se parece en nada a los seres humanos, ni piensa o se comporta como nosotros.

Por favor, entienda esto: Dios no está buscando castigarnos; Jesús satisfizo completamente todo el castigo que merecían nuestros pecados mediante su muerte en la cruz. Él murió por los pecados que hemos cometido ya, y por cada pecado que podamos cometer en el futuro. ¡Su expiación los cubre todos! Cuando pecamos, lo único que tenemos que hacer es arrepentirnos y recibir el perdón que ya es nuestro debido al sacrificio de Jesús por nosotros.

Dios no quiere que usted tenga miedo a que Él esté enojado con usted o le vaya a castigar. El diablo quiere que usted sienta eso, que viva en temor y sea infeliz, pero quiero asegurarme de que usted sepa que no está mal delante de Dios; usted está en paz con Él, y Él le ve como justo, a través de la sangre de Jesucristo.

Tener paz con Dios a través de Cristo no significa que hacemos todo bien todo el tiempo. Nadie lo consigue. Pero hay una diferencia entre *quién* es usted y lo que usted *hace*. *Quién es usted* en Cristo y *lo que hace* como un ser humano con defectos son dos cosas distintas. ¡Eso son buenas noticias!

Para pensar

1. ¿Por qué le produce alegría el hecho de que usted es justo delante de Dios a través de Cristo?
2. En sus propias palabras, explique por qué esta idea es importante en su vida: "Hay una diferencia entre *quién es* usted y lo que usted *hace*".

CAPÍTULO 13

No hay vuelta atrás

Gálatas 4:8-9

Antes, cuando no conocían a Dios, ustedes eran esclavos de los que en realidad no son dioses. Pero, ahora que conocen a Dios —o más bien que Dios los conoce a ustedes—, ¿cómo es que quieren regresar a esos principios ineficaces y sin valor? ¿Quieren volver a ser esclavos de ellos?

Después de que los gálatas llegaron a conocer a Dios de una forma personal, se vieron tentados a abandonar su caminar de fe y regresar a su vieja manera de vivir. En el pasaje de hoy, Pablo está asombrado de que pudieran pensar en volver a una vida de esclavitud a reglas y mandamientos, ahora que habían conocido a Dios.

A mí también me asombra que alguien piense en regresar a su vieja vida una vez que ha conocido a Dios. Mi vida antes de conocerlo de modo cercano estaba caracterizada por el temor, la vergüenza, la esclavitud, y una medida de legalismo (pensar que tenía que obedecer todas las "reglas" cristianas para que Dios me amara). Pero, cuando lo conocí a Él, mi vida cambió por completo. Me sacó de mi negatividad y me llevó a una relación personal con Él. Conocí la verdadera alegría por primera vez en mi vida cuando entré en una relación personal e íntima con Dios a través de Jesucristo.

> *La alegría del Señor nos armará contra todos los asaltos de nuestros enemigos espirituales, y hará que nos sepan mal esos placeres con los que el tentador ceba sus anzuelos.*
>
> Matthew Henry,
> *Comentario completo*
> (Nehemías 8:9-12)

Ahora, como he disfrutado de una relación cercana con Jesús por mucho tiempo, a menudo me pregunto por qué alguien querría levantarse de la cama en la mañana si no lo conoce a Él. Me parece que mi vida estaría totalmente desprovista de paz, alegría y sentido si no conociera a Dios y viviera para servirle.

Pablo recuerda a los gálatas cómo eran sus vidas antes de conocer a Dios y de ser conocidos por Él. El verdadero cristianismo no está basado en conocer *acerca* de Dios, sino en conocer *a* Dios. Es tener una relación personal cercana con Él a través de Jesucristo y ser transformado a su imagen. Conocer a Dios significa conocer y experimentar personalmente su carácter, lo cual incluye cualidades como su amor, bondad, gracia, misericordia, perdón, justicia, paz, alegría, santidad, y muchos otros atributos maravillosos.

Pablo también menciona el hecho de ser conocido *por* Dios, y esto es tan maravilloso como conocer a Dios. Todos queremos ser conocidos por alguien que nos acepte y nos ame como somos. Dios nos conoció desde antes de que los cimientos de la tierra fueran creados. Él vio nuestro futuro incluso antes de que naciéramos, y ha escrito cada día de nuestra vida. Él conoce cada pensamiento que tenemos antes de tenerlo y cada palabra que diremos antes de decirla. Nuestro Padre no solo nos conoce mejor que nadie, sino que también nos conoce incluso mejor que nosotros mismos. No tiene sentido intentar esconderle algo, porque Él ya lo sabe. Con Dios, no tenemos que fingir, esconder o poner excusas.

Jesús les dijo a sus discípulos que Él los escogió a ellos, y no ellos a Él (Juan 15:16). Esto no significa que no tengamos libertad y que estemos obligados a servir a Dios, sino que todo empieza con Dios. No podemos acudir a Él a menos que Él nos atraiga.

Sin importar dónde se encuentre usted en su viaje espiritual, ya sea que apenas esté comenzando y tenga muchas preguntas acerca de Dios, o haya caminado con Dios por décadas y se sienta más cerca de Él ahora que nunca, permítame animarle a seguir avanzando con Él. Espero que nunca piense en regresar a la forma en que vivía antes de conocerlo ni en darle la espalda. Él nunca le abandonará, y nadie le conocerá o amará jamás como Él lo hace. Esta es una buena razón para tener una gran alegría.

Para pensar

1. ¿De qué maneras el hecho de conocer a Dios y saber que Dios le conoce por completo marca una diferencia en su vida y le ha dado alegría?
2. Piense en su vida antes de conocer a Dios. ¿Por qué no querría volver a ella?

CAPÍTULO 14

Manténgase libre

Gálatas 5:1

Cristo nos libertó para que vivamos en libertad. Por lo tanto, manténganse firmes y no se sometan nuevamente al yugo de esclavitud.

No hay duda al respecto: mientras más nos libera Dios, más alegres estamos. ¿Alguna vez ha conseguido la libertad en cierta área de su vida y después se ha vuelto a ver atrapado en esa misma situación una y otra vez? ¿O ha visto que eso le ha ocurrido a algún amigo o familiar? Quizá usted mismo en el pasado estuvo atado por una deuda, y finalmente consiguió pagarla por completo, pero un año después la deuda se volvió a acumular. O tal vez pasó años atado a la comida compulsiva y terminó con sobrepeso. Se esforzó mucho por dejar de comer cuando tenía miedo o estaba decepcionado, perdió peso y se sintió mucho mejor. Pero entonces sucedió algo extremadamente estresante, y sus emociones le llevaron a volver a comer en exceso.

Las personas pueden estar atadas a todo tipo de cosas, y pueden sentirse como esclavos de esos hábitos, adicciones y mentalidades. Siempre que alguien es liberado de una atadura y después vuelve a ella por alguna razón, puede ser muy desilusionante. El pasaje bíblico de hoy tiene la intención de fortalecernos y animarnos a mantener la libertad que Dios nos dio.

La libertad puede ser algo difícil de conseguir, y a veces incluso más difícil de mantener. Si queremos *mantenernos* libres después de *ser* liberados, tenemos que trabajar en ello. Por eso Pablo dice "manténganse firmes". Significa que seremos tentados a dejar que nuestra libertad desaparezca, así que debemos protegernos intencionalmente contra eso.

> *La alegría es bálsamo y sanidad, y si usted se goza, Dios dará poder.*
> A. B. Simpson

Si alguien a quien usted ama ha conseguido la libertad de algo que le mantuvo cautivo por un largo periodo de tiempo y le ve regresando a sus antiguos caminos, quizá quiera decirle: "¡Deja de hacer eso! ¡No vayas ahí! ¡No te hagas eso otra vez!". Usted le rogaría que hiciera lo que fuera necesario para mantener su libertad. Lo mismo ocurre con usted si es esa persona que está volviendo a viejos patrones: usted querría que alguien le rogara que se mantuviera en su camino.

Así es como Pablo, desesperado por ver a los gálatas mantenerse libres, se sentía hacia ellos. Habían estado viviendo libres de la ley, y les instó a mantener la libertad que habían disfrutado. Habían sido liberados no solo de sus pecados, sino también de las reglas y los mandamientos de la ley del Antiguo Pacto. Como gentiles, no habían vivido la ley del Antiguo Pacto, pero estoy segura de que como adoradores de ídolos estaban muy familiarizados con las trampas legalistas de cualquier religión en la que Jesús no es el centro. Ciertamente estaban acostumbrados a hacer sacrificios para apaciguar a los dioses que ellos suponían que estaban enojados, especialmente si algunas de sus circunstancias no eran buenas.

Ahora, corrían el grave peligro de volver a caer en el legalismo: ser motivados a hacer ciertas acciones porque temían desagradar a Dios si no seguían las reglas religiosas y hacían sacrificios por sus pecados. Dios no quiere que le sirvamos por temor a su enojo, sino por nuestro amor y aprecio por todo lo que Él ha hecho y sigue haciendo por nosotros.

Los creyentes en el único Dios verdadero pueden caminar ahora como nunca antes lo habían hecho. Esto era cierto para los gálatas, y es cierto para usted y para mí. Ya no estamos bajo la ley, sino que tenemos el gran privilegio de ser invitados a seguir al Espíritu Santo en lugar de hacer lo que queramos, según nuestros deseos carnales. A través del poder del Espíritu

Santo, podemos vivir vidas santas y justas y glorificar a Dios.
Él nos ha liberado, y nos empodera para mantenernos libres.
Cuando somos liberados de la esclavitud, podemos vivir en paz
y alegría.

Para pensar

1. ¿De qué formas le ha liberado Cristo? ¿Cómo esa liber-
    tad ha aumentado su alegría?
2. Cuando es tentado a regresar a viejas ataduras, ¿cómo
    puede mantenerse fuerte contra la tentación?

CAPÍTULO 15

Alégrense en el Señor

Filipenses 3:1

Por lo demás, hermanos míos, alégrense en el Señor. Para mí no es molestia volver a escribirles lo mismo, y a ustedes les da seguridad.

Como escribí en la introducción a este libro, Pablo puede ser considerado el "apóstol de la alegría". Además, Filipenses es considerada "la epístola de la alegría". En el versículo de hoy, Pablo recuerda a sus lectores que se alegren en el Señor. Nunca dice que nos podemos alegrar en nuestras circunstancias todo el tiempo, sino que podemos alegrarnos *en el Señor* todo el tiempo.

¿Qué se necesita para alegrarse en el Señor? Es necesario pensar en lo que tenemos en Cristo en lugar de enfocarnos en nuestras circunstancias. También requiere que nos enfoquemos en lo que tenemos en lugar de lo que no tenemos. Podemos alegrarnos porque hemos sido perdonados de todos nuestros pecados, nuestros nombres están escritos en el libro de la vida del Cordero, tenemos una relación personal con Dios, y viviremos en la presencia de Dios eternamente. A pesar de lo que no tenemos, siempre tenemos esperanza, y la esperanza es poderosa.

> No solo es el privilegio de un cristiano, sino también su obligación, alegrarse constantemente en el Señor.
>
> H. A. Ironside, *Notas sobre la Epístola a los Filipenses*

También tenemos el amor incondicional de Dios, su fuerza, su paz, su gracia, y un montón de muchas otras bendiciones maravillosas que harían que la lista sea demasiado larga como para incluirla en este libro. Todas estas razones son para alegrarnos. Además, la Palabra de Dios contiene más de cinco mil promesas, y seguro que eso es motivo para alegrarnos.

Nuestro pensamiento es el fundamento de todas nuestras emociones, y si deseamos tener sentimientos agradables como el gozo y la paz, tenemos que tener pensamientos que los produzcan. Esta es una gran promesa de Dios que me hace alegrarme: "Ahora bien, sabemos que Dios dispone todas las cosas para el bien de quienes lo aman, los que han sido llamados de acuerdo con su propósito" (Romanos 8:28).

Los creyentes filipenses a los que Pablo escribe enfrentaban una gran posibilidad de sufrir todo tipo de persecución, e incluso la muerte, que amenazaban a él y a otros en la iglesia primitiva. Aunque Pablo sabía que ellos podrían sufrir dificultades por causa de su fe, también sabía que su fe les daba muchas razones para alegrarse. Por ejemplo, como escribe en Romanos 8:35-39, *nada* podía separarles del amor de Dios en Cristo Jesús. Esta es una idea poderosa y una razón para tener gran alegría.

Durante los años, mi agenda de conferencias me ha exigido viajar mucho, y Dave y yo hemos experimentado muchos inconvenientes y circunstancias exasperantes durante ese tiempo. Por ejemplo, durante una etapa de viaje intensivo, dos veces en el mismo mes el hotel donde estábamos alojados se quedó sin agua en la planta donde estaba nuestra habitación. ¿Qué probabilidades hay de que algo así ocurra dos veces en un mes en dos hoteles distintos? No muchas, así que decidimos que el enemigo sencillamente estaba intentando exasperarnos, y nos negamos a exasperarnos. Yo me reí y dije: "Si el agua no vuelve a las siete de la mañana, tendré que encontrar otra habitación en el hotel donde pueda prepararme para el día. No puedo ir a una conferencia de este modo, sin la oportunidad de lavarme y arreglarme el cabello". Oré, pidiéndole a Dios que de alguna manera resolviera el problema con el agua antes de las siete de la mañana, y a las 6:55 de la mañana un operario llamó a la puerta para decirnos que había agua otra vez.

Quizá si oráramos y mantuviéramos nuestra alegría en lugar

de enojarnos y perderla, veríamos más respuestas asombrosas a la oración. Así como podemos acercarnos a una pileta y escoger abrir el grifo del agua, también podemos abrir nuestro gozo decidiendo tener buenas perspectivas sobre nuestras circunstancias. ¡Escoja alegrarse hoy!

Para pensar

1. Deténgase y piense en algunas de las bendiciones en su vida. ¿Cómo puede crecer en su capacidad para alegrarse en ellas?
2. ¿En qué situaciones puede decidir alegrarse hoy?

CAPÍTULO 16

La alegría de estar en la voluntad de Dios

Colosenses 1:1

Pablo, apóstol de Cristo Jesús por la voluntad de Dios, y el hermano Timoteo.

Colosenses 1:1 es un versículo corto, pero está cargado de significado. Observemos que Pablo dice que es apóstol "por la voluntad de Dios". Esto es importante porque, como cristianos, queremos seguir la voluntad de Dios, y hacerlo nos da una gran alegría. Si no creemos que las cosas que estamos haciendo están en la voluntad de Dios para nosotros, ¿cómo podemos hacerlas bien o disfrutarlas?

Cuando enseño sobre estar en la voluntad de Dios, la gente a menudo pregunta: "¿Cómo puedo saber si estoy caminando en la voluntad de Dios para mi vida?". Estas son dos sencillas maneras de saberlo.

1. Lo disfrutará.

Juan 10:10 nos dice que Jesús vino para "[darnos] una vida plena y abundante" (NTV). La voluntad de Dios para usted no le hará sentirse miserable o excesivamente estresado. Quizá enfrente desafíos al perseguirla, pero si es la voluntad de Dios para usted, Él le dará la sabiduría y la gracia para superar cualquier dificultad, y encontrará alegría en hacerlo.

> *La alegría es el fuego santo que mantiene caliente nuestro propósito.*
>
> Helen Keller

2. Será equipado para ello.

También creo que, cuando estamos en la voluntad de Dios, seremos buenos en lo que estamos haciendo. Dios nos da las habilidades, dones y capacidades para cumplir su voluntad para nuestras vidas. Él no nos llama a hacer algo sin equiparnos para ello.

Quizá usted tenga que trabajar, estudiar, o prepararse de alguna otra manera para llevar a cabo la voluntad de Dios para su vida, pero tendrá una aptitud para ello y se sentirá tranquilo. Yo he llegado a estar muy cómoda haciendo lo que hago como maestra de la Palabra de Dios. He tenido que aprender algunas lecciones acerca de hacerlo con eficacia, y trabajo en ello, pero lo que hago no me resulta difícil porque estoy caminando en la voluntad de Dios al hacerlo.

Encontrar la voluntad de Dios para su vida no es difícil: usted da el paso y prueba cosas hasta que encuentra aquello que le resulta cómodo hacer. *Cómodo* no significa necesariamente que sea fácil. Probablemente tendrá que trabajar en ello, pero sabrá en su corazón que es lo que se supone que debe hacer, y le producirá paz y alegría. Si Dios le llama a hacer algo, Él también proveerá lo que necesite para hacerlo: habilidades, finanzas y, si es necesario, personas que le ayuden, junto a otros recursos.

Mientras busca descubrir la voluntad de Dios para su vida, necesitará aprovechar algunas oportunidades y caminar por fe. Si intenta algo que cree que podría ser la voluntad de Dios para usted y se da cuenta de que no lo es, simplemente cambie de dirección sin frustrase o sentirse condenado. Confíe en que Dios le guiará a la siguiente oportunidad, y siga experimentando hasta que aterrice en el lugar que sabe en su corazón que Dios tiene para usted. Lo que Él tiene para usted quizá no sea como lo que tiene para otras personas, y eso está bien. Él tiene un propósito específico para cada uno, y lo único que tiene que hacer es descubrir y cumplir el que Él tenga para usted sin compararse con nadie ni intentar competir con ellos. Persiga su voluntad para usted con todo su corazón, al margen de lo que otros estén haciendo, porque es ahí donde encontrará su alegría.

La lección clave de Colosenses 1:1 es asegurarse de creer al máximo en que lo que está haciendo es la voluntad de Dios para usted en cualquier momento dado de su vida. Durante el transcurso de su vida, ciertas cosas pueden cambiar. La voluntad de Dios para usted hoy quizá no será su voluntad dentro de diez años, pero si continúa buscándola, Él continuará revelándola.

Para pensar

1. ¿Cree que lo que está haciendo ahora mismo refleja la voluntad de Dios para su vida?
2. ¿Cómo ha llegado a esa conclusión?

CAPÍTULO 17

Las bendiciones de la madurez espiritual

Gálatas 4:1-3

En otras palabras, mientras el heredero es menor de edad, en nada se diferencia de un esclavo, a pesar de ser dueño de todo. Al contrario, está bajo el cuidado de tutores y administradores hasta la fecha fijada por su padre. Así también nosotros, cuando éramos menores, estábamos esclavizados por los principios de este mundo.

Si los padres mueren y dejan una herencia a sus hijos o hijas que aún no son mayores de edad, los hijos recibirán su provisión a través del testamento de sus padres. Pero, como los herederos son pequeños, aunque han heredado unos bienes siguen actuando como niños, lo cual no es muy distinto a actuar como siervos. Si los bienes los administra una ayuda contratada, ellos pueden ser cuidados y se espera que vivan obedeciendo a los empleados de la casa, que a menudo tienen más autoridad que los niños pequeños.

Los niños tienen una herencia y la recibirán a su debido tiempo, pero hasta que maduren, los recursos que sus padres apartaron para ellos los administrarán unos administradores. Si los padres no hubieran hecho esta provisión, los niños podrían malgastar su herencia y quizá avergonzar el nombre de la familia debido a su inmadurez y juventud.

Nuestro Dios Padre nos ve como sus hijos e hijas. Jesús, su Hijo primogénito, ha heredado todo lo que tiene el Padre, y nosotros somos coherederos con Él mediante la fe (Romanos 8:17). Dios quiere bendecirnos de muchas maneras pero, en su sabiduría, no nos entrega ciertas bendiciones y dones hasta que sepa que somos lo suficientemente maduros para manejarlos.

> *No hay mayor alegría en la vida cristiana que confiar en Él y no necesitar explicación.*
> Jack Hyles

Me deleita mucho enseñar a los creyentes a madurar para que puedan disfrutar de la vida que Jesús murió para darles. Parte de la madurez espiritual es pasar de tener una mentalidad de esclavo o siervo a una mentalidad de hijo y heredero de Dios. Esto conlleva entender que ya no estamos sujetos a la ley (reglas y mandamientos que pensamos que nos harán aceptables ante Dios), sino que ahora vivimos bajo la gracia de Dios.

Piénselo de esta forma: los hijos viven bajo reglas para que les mantengan en la dirección correcta, pero según maduran, aprenden a seguir el corazón de su padre, y las reglas bajo las que habían vivido previamente desaparecen. Cuando mis hijos eran pequeños, cada uno tenía una lista de tareas que se esperaba que hicieran como parte de la familia. Según maduraron, ya no necesitaron las listas porque sabían en su corazón qué tenían que hacer.

Por fortuna, Jesús nos ha liberado de la ley. Él dice en Juan 8:36: "Así que, si el Hijo los libera, serán ustedes verdaderamente libres". ¿Cómo se manifiesta esta libertad en nuestra vida? Jesús nos da la respuesta en Juan 8:31-32. Él dice que, si permanecemos en sus enseñanzas, somos sus discípulos y conoceremos la verdad, y la verdad nos hará libres. La versión *Amplified Bible* (en inglés) nos ayuda a entender lo que significa permanecer en sus enseñanzas al traducir Juan 8:31 de la siguiente manera: "Si habitan en mi palabra, *obedeciendo continuamente mis enseñanzas y viviendo en consonancia con ellas*, entonces serán verdaderamente mis discípulos" (énfasis de la autora; traducción libre).

La Palabra de Dios es verdad (Juan 17:17), y a medida que la aprendemos y la seguimos, experimentamos mayores niveles de libertad y alegría. Pablo escribe que, cuando era niño, se comportaba como un niño, pero cuando fue hombre dejó de lado las cosas de niño (1 Corintios 13:11). Creo que todos los cristianos necesitan establecer la prioridad de ser cada vez más maduros espiritualmente. Esto profundizará nuestro caminar con Dios, nos hará mejores testigos de Él, y nos ayudará a disfrutar de las bendiciones y la herencia que Él desea darnos.

Para pensar

1. ¿Por qué es importante para nosotros no recibir ciertas bendiciones antes de ser lo suficientemente maduros para manejarlas?
2. ¿De qué maneras ha experimentado usted personalmente libertad mediante la verdad de Dios?

CAPÍTULO 18

Siga corriendo la buena carrera

Gálatas 5:7-8

Ustedes estaban corriendo bien. ¿Quién los estorbó para que dejaran de obedecer a la verdad? Tal instigación no puede venir de Dios, que es quien los ha llamado.

Cuando Pablo escribe que los gálatas "estaban corriendo bien", quiere decir que estaban actuando bien en sus vidas como creyentes en Cristo, pero ahora se habían dejado engañar por las falsas enseñanzas y habían vuelto a sus viejos caminos.

Su anterior entusiasmo, compromiso y amor se habían debilitado, y esto dañó su reputación.

> El Señor concede a su pueblo alegría perpetua cuando camina en obediencia a Él.
>
> Dwight L. Moody

Los gálatas comenzaron a apartarse por la mentira de que, aunque habían sido justificados por la fe en Jesús, también tenían que seguir la ley si querían ser santificados (ser santos). Muchas personas hoy día también creen que la fe implica algo más aparte de Jesús, como asistir a la iglesia o una cierta cantidad de tiempo estudiando la Biblia cada día. Aunque hacer estas cosas mejoran la experiencia cristiana cuando se hacen por *gracia*, no como reglas u obligaciones, ninguna de ellas afecta al amor de Dios hacia nosotros. Nuestra fe en Jesús es suficiente. No necesitamos nada más para estar seguros del amor y la aceptación de Dios. Pablo menciona esto en más de una ocasión en Gálatas, quizá porque es una gran tentación para muchas personas.

Esto me recuerda la historia de un hombre rico que le preguntó a Jesús qué debía hacer para heredar la vida eterna (Marcos 10:17-22). Jesús le dijo que guardara los mandamientos, y después los enumeró. El joven respondió que los había cumplido todos. Jesús, amándole, respondió: "Una sola cosa te falta: anda, vende todo lo que tienes y dáselo a los pobres, y tendrás tesoro en el cielo. Luego ven y sígueme" (Marcos 10:21).

Varias cosas sobre esta historia me llaman la atención. En primer lugar, Jesús amó al joven, así que podemos asumir que todo lo que le dijo tenía la intención de ayudarle. En segundo lugar, aunque el joven había hecho muchas cosas buenas, aún le faltaba una cosa. A todos nos falta algo si dependemos de nuestras buenas obras para justificarnos y darnos entrada a la vida eterna. Jesús le pidió al hombre que repartiera todo lo que tenía a los pobres, pero él "se fue triste" (Marcos 10:22). Esto ocurrió porque el dinero significaba demasiado para él, y Jesús estaba intentando ayudarle a darse cuenta de ello. Creo que, si el joven hubiera obedecido a Jesús, habría recibido a cambio mucho más de lo que habría repartido. Estoy segura de que muchos se van "tristes", como le pasó al joven, porque no están dispuestos a obedecer a Dios.

Al escuchar en segundo plano esta conversación, Pedro le dijo a Jesús: "¿Qué de nosotros, que lo hemos dejado todo y te hemos seguido?" (Marcos 10:28). La respuesta de Jesús es una buena noticia para todos nosotros: "Les aseguro —respondió Jesús— que todo el que por mi causa y la del evangelio haya dejado casa, hermanos, hermanas, madre, padre, hijos o terrenos recibirá cien veces más ahora en este tiempo (casas, hermanos, hermanas, madres, hijos y terrenos, aunque con persecuciones); y en la edad venidera, la vida eterna" (Marcos 10:29-30).

Las palabras de Jesús nos enseñan que no tenemos que esperar hasta llegar al cielo para recibir una recompensa. Jesús les dijo a sus discípulos que serían perseguidos mientras estuvieran en esta tierra, pero también dijo que serían bendecidos. Esto no significa necesariamente que el joven terminaría siendo más rico de lo que era. Podría ser, si el Señor supiera que eso sería lo mejor para él. Simplemente significa que habría tenido abundancia de todo lo que necesitara, con paz, alegría, y todos los demás beneficios espirituales que vienen al obedecer plenamente a Dios.

Para pensar

1. ¿Se ve usted tentado a creer que el amor de Dios y su aceptación dependen de Jesús y de algo más? Pídale al Espíritu Santo que le fortalezca en contra de esa tentación.

2. ¿Qué beneficios ha recibido por haber obedecido a Dios?

CAPÍTULO 19

Plante buenas semillas

Gálatas 6:7-8

No se engañen: de Dios nadie se burla. Cada uno cosecha lo que siembra. El que siembra para agradar a su naturaleza pecaminosa, de esa misma naturaleza cosechará destrucción; el que siembra para agradar al Espíritu, del Espíritu cosechará vida eterna.

Pablo comparte una verdad espiritual importante en el pasaje bíblico de hoy, y es la idea de que Dios no puede ser burlado y sus principios no se pueden evitar. Insta a sus lectores a no dejarse engañar al creer que podemos actuar mal y conseguir buenos resultados. Cosechamos lo que sembramos.

Personalmente me encanta esta idea bíblica porque me deja saber que tengo una medida de control con respecto a cómo va mi vida. Mire al camino y pregúntese cómo quiere que sea su vida en el futuro. Después, sea lo suficientemente inteligente para darse cuenta de que la cosecha que obtendrá mañana estará relacionada directamente con las semillas que siembre hoy.

Podemos ver el principio de la siembra y la cosecha fácilmente cuando pensamos en la jardinería. No podemos plantar semillas de cebolla y cosechar tomates. Debemos plantar ahora las semillas que producirán el fruto o la verdura que deseamos recoger después.

> *La alegría es una decisión. Un espíritu genuino de alegría hace que el corazón sea bueno, y es verdaderamente contagioso.*
>
> Charles R. Swindoll

Dios nos dice en Génesis 8:22 que, mientras la tierra exista, habrá "siembra y cosecha". Si usted no está satisfecho con su cosecha, quizá debería pensar en la semilla que ha estado plantando. Por ejemplo, nadie puede sembrar ira y cosechar paz, ni puede una persona sembrar una mala actitud y recoger una visión de la vida alegre y gozosa.

Si las personas no tienen amigos, o ven que cuando hacen

nuevos amigos las amistades nunca duran mucho, deberían ser sabios en preguntarse cómo tratan a sus amigos. ¿Es fácil llevarse bien con ellos? ¿Intentan dar a otros consejos no solicitados con demasiada frecuencia? ¿Esperan siempre a que la otra persona pague la factura cuando comparten una comida? Las personas que son buenos amigos siempre tienen muchos amigos.

Si sembramos misericordia en nuestros tratos con la gente, recibiremos misericordia de las personas con las que tratamos (Mateo 5:7). Si sembramos juicio contra otros, recibiremos juicio contra nosotros; si damos, se nos dará (Lucas 6:37-38). A menudo nos enfocamos en nuestra cosecha, pero quizá deberíamos prestar más atención a nuestras semillas.

Pablo dice que, si sembramos para la carne, cosecharemos de la carne. La Nueva Traducción Viviente añade que, si sembramos para la carne, de la carne cosecharemos "destrucción y muerte", pero si sembramos para el Espíritu cosecharemos vida (Gálatas 6:8). Sembrar para la carne significa comportarse de una manera carnal, obedeciendo los impulsos de la carne en lugar de seguir la guía del Espíritu Santo; significa hacer lo que queremos en lugar de hacer la voluntad de Dios.

Saúl era un rey que no obedeció totalmente a Dios, y finalmente perdió su reino como resultado de ello (1 Samuel 15:22-28) Nuestras acciones tienen consecuencias, ya sean buenas o malas. Una persona puede vivir como si no hubiera un mañana, pero el mañana siempre llega, y con él la cosecha de las semillas que hayamos plantado en el pasado.

En alguna ocasión, claro está, nos vemos confrontados por problemas que no podemos evitar y que vienen del diablo o meramente de vivir en el mundo; no siempre sembramos algunas malas semillas concretas que los hayan causado. Pero, cuando miramos los aspectos de nuestra vida que podemos influenciar sembrando buenas semillas, deberíamos ser diligentes en hacerlo, sabiendo que nuestros esfuerzos finalmente serán recompensados.

Para pensar

1. ¿Alguna vez ha notado en su propia vida o en la vida de otra persona la relación entre sembrar y cosechar? ¿Qué sucedió en esa situación?
2. ¿Cómo puede sembrar buenas semillas hoy para el futuro que quiere disfrutar mañana?

CAPÍTULO 20

Paciencia y alegría

Colosenses 1:9-12, RVC

Por eso nosotros, desde el día que lo supimos, no cesamos de orar por ustedes y de pedir que Dios los llene del conocimiento de su voluntad en toda sabiduría e inteligencia espiritual, para que vivan como es digno del Señor, es decir, siempre haciendo todo lo que a él le agrada, produciendo los frutos de toda buena obra, y creciendo en el conocimiento de Dios; todo esto, fortalecidos con todo poder, conforme al dominio de su gloria, para que puedan soportarlo todo con mucha paciencia. Así, con gran gozo, darán las gracias al Padre, que nos hizo aptos para participar de la herencia de los santos en luz.

Quiero animarle a leer el pasaje de hoy lentamente y con atención. Observe cómo ora Pablo por los creyentes colosenses. Su oración aquí, así como sus oraciones a lo largo de sus cartas, se enfoca en la vida interior y en el crecimiento espiritual y la relación con Dios de los lectores. Cuando observé por primera vez la forma en que oraba Pablo, transformó mi manera de orar. Hasta entonces, no pensaba mucho en orar por mi vida interior. Ahora sé que, cuando somos fuertes por dentro, todo lo pertinente a nuestra vida exterior se ordena. La fuerza interior es mucho más importante que el hecho de que las cosas vayan exactamente como queremos. Estoy segura de que, a estas alturas, usted sabe que todo en la vida no siempre irá como nos gustaría. La vida tiene desafíos, y cuando los enfrentamos, ser fuertes y estables por dentro nos equipa para confiar en Dios y confiar en su guía en medio de ellos.

Cuando estudiamos las oraciones de Pablo, notamos su perspectiva sobre las dificultades de la vida. Él nunca oró para que sus lectores evitaran los problemas o para que sus problemas desaparecieran. Yo resumiría o parafrasearía sus oraciones diciendo que él pedía que los lectores de sus cartas, usted y yo incluidos, soportaran las dificultades con fortaleza, fe, paciencia y confianza en Dios, y que perseveraran en medio de las pruebas con alegría (Colosenses 1:9-12; 2 Tesalonicenses 1:2-5).

Me gusta especialmente la forma en que traduce Colosenses 1:11 la *Amplified Bible*: "Oramos para que sean vigorizados y fortalecidos con todo poder según el poder de su gloria, para que muestren todo tipo de resistencia y paciencia con gozo" (traducción libre).

En todos mis años de ministerio, no recuerdo ni una sola vez en la que alguien me haya pedido orar para soportar sus dificultades con gozo. Muchas personas, sin embargo, me han pedido orar para ser librados de sus problemas. Aunque nadie está contento con los problemas que enfrenta, Pablo nos enseña que podemos estar alegres en medio de ellos.

Aunque Dios ciertamente es capaz de cambiar nuestras circunstancias, Él está interesado en cambiarnos a *nosotros*. Él no disfruta viéndonos batallar o sufrir, pero se deleita en nuestro crecimiento espiritual, y usa nuestras circunstancias para buenos propósitos. Si somos honestos con nosotros mismos, probablemente admitiremos que hemos obtenido más fortaleza interior y hemos experimentado mayor madurez espiritual mediante los tiempos difíciles de nuestra vida que mediante los fáciles.

Los problemas y las dificultades no son divertidas, pero nos fortalecen. Estiran nuestra fe, nos enseñan a confiar en Dios en lugar de confiar en nuestro propio conocimiento o nuestros recursos (Proverbios 3:5-6), y desarrollan nuestra compasión hacia otros cuando ellos sufren dificultades.

Podemos ver, por el pasaje de hoy, que Pablo cree que hay una conexión entre las pruebas, la paciencia y la alegría. El apóstol Santiago parece pensar igual, y dice claramente que debemos considerarnos "muy dichosos", porque nuestras pruebas producen paciencia, y cuando la paciencia se desarrolla del todo en nosotros, no nos faltará nada (Santiago 1:2-4, RVC).

Permítame animarle a orar Colosenses 1:9-12 para usted mismo hoy. Después, pídale al Espíritu Santo que le dirija a hacer esa oración por varias personas más. Aprenda a orar sin pedir constantemente a Dios que resuelva sus problemas, y en su lugar pídale que le ayude a usted, y a aquellos por los que ora, a que soporten cualquier cosa que estén pasando con paciencia y alegría, confiando en que Él finalmente sacará algo bueno de ello.

Para pensar

1. ¿Qué ha aprendido sobre la oración de Colosenses 1:9-12?
2. ¿Cómo conseguirán las lecciones que ha aprendido del pasaje y mensaje de hoy cambiar su forma de orar sobre cierta prueba que esté enfrentando actualmente, o cambiar la forma en que orará en el futuro?

CAPÍTULO 21

Máxima prioridad

Colosenses 1:18

Él es la cabeza del cuerpo, que es la iglesia. Él es el principio, el primogénito de la resurrección, para ser en todo el primero.

Como "cabeza del cuerpo", Cristo está por encima de todo. Él está en control, y debemos seguir sus instrucciones y su ejemplo. Mientras el cuerpo reciba las instrucciones de la cabeza, seremos capaces de vivir vidas pacíficas, alegres y llenas de propósito. Pero cuando el cuerpo empieza a intentar estar en control, las cosas se desordenan, se vuelven confusas e inestables.

Aunque Cristo es la cabeza y lo miramos a Él para saber qué hacer, seguimos teniendo libre albedrío. Dios siempre nos permite escoger si queremos seguirlo o no. Si decidimos seguir a Cristo, también asumimos ciertas responsabilidades. Nuestra principal responsabilidad es madurar espiritualmente y demostrar la vida resucitada que Jesús nos ofrece, acerca de la cual escribe Pablo en Filipenses 3:10 cuando menciona conocer a Cristo y "el poder de su resurrección". Esto significa que usted puede estar en la tierra con su cuerpo físico, ir a trabajar, regresar a casa, hacer las tareas, cortar el césped, y pasar por todas las cosas que experimenta todo el mundo, y a la vez vivir en el poder que le ofrece la resurrección de Cristo. Tener la vida resucitada que tiene disponible a través de Cristo no significa que nunca tendrá problemas. Simplemente le ofrece un lugar en Cristo donde puede elevarse sobre las tormentas de la vida, mantener su alegría en Dios, y rehusar perder su esperanza porque sabe que Cristo, como cabeza, está en control de todo.

> *Me has dado a conocer la senda de la vida; me llenarás de alegría en tu presencia, y de dicha eterna a tu derecha.*
> Salmos 16:11

Relacionarnos con Jesús como nuestra cabeza significa darle el primer lugar en nuestras vidas. Si no hacemos de Él nuestra máxima prioridad, entonces lo que pongamos en primer lugar se convertirá en un ídolo para nosotros, y luchará por quedarse ahí. Todo tipo de cosas pueden convertirse en ídolos si se lo permitimos, incluso cosas que son buenas y nobles, como la familia, trabajar duro, los amigos, o incluso servir a Dios en el ministerio.

Hace muchos años atrás, el ministerio que estaba intentando desarrollar, el ministerio que Dios me dio, se volvió más importante para mí que el propio Dios. No lo hice a propósito, pero sucedió. Estaba muy orgullosa de mí misma y pensaba que me iba muy bien en la vida. Pero, un día, Dios me mostró que estaba orgullosa de mí porque estaba trabajando para mí. El problema era que no estaba pasando nada de tiempo con Él. Esa fue una lección importante que tuve que aprender, y no se me ha olvidado desde entonces.

Nada es más importante que su relación con Dios. Póngalo a Él lo primero en todas las cosas, y todo lo demás se ordenará. Cuando ponemos a Jesús primero, reconocemos que Él es la cabeza y nosotros somos parte del cuerpo, y rendimos a Él todo lo concerniente a nosotros. Esta idea hace que algunas personas se pongan nerviosas porque tienen miedo a que, si ponen a Jesús primero, quizá tengan que renunciar a algo muy importante para ellos. Pero Salmos 37:4 dice: "Deléitate en el Señor, y él te concederá los deseos de tu corazón". Puedo asegurar personalmente que, si pone a Jesús como lo primero, se asombrará de lo mucho que Dios hará por usted. Su alegría y su paz llenarán su corazón, y recibirá los deseos de su corazón en el tiempo perfecto de Dios. Esto no significa que no tendrá desafíos, pero será capaz de superarlos mediante el poder del Espíritu Santo y vivirá su vida por su gracia.

Para pensar

1. ¿Le ha rendido todo a Dios, dándole la máxima prioridad en su vida? Si no, ¿qué tiene que rendir?
2. Si alguien le siguiera durante una semana, ¿sabría esa persona que Dios es su máxima prioridad? ¿Por qué sí o por qué no?

CAPÍTULO 22

Llevar a cabo lo que Dios ha puesto en nosotros

Colosenses 1:18

Así que, mis queridos hermanos, como han obedecido siempre—no solo en mi presencia, sino mucho más ahora en mi ausencia—lleven a cabo su salvación con temor y temblor.

Aunque Pablo enseña que la salvación es solo por gracia, sin tomar en cuenta las obras (Efesios 2:8-9), también nos dice en el versículo de hoy que llevemos a cabo nuestra propia salvación. Esto significa que la saquemos de nuestro corazón (espíritu) y la llevemos a nuestra vida diaria, para que vivamos como personas que han sido salvadas, perdonadas, y tienen una relación con Dios a través de Jesucristo. La manera más sencilla que conozco de explicar esto es decir que Pablo no está hablando de *trabajar por* nuestra salvación sino de *llevarla a cabo* con la ayuda del Espíritu Santo.

No podemos llevar a cabo lo que no nos ha sido dado. Dios nos da todo lo que necesitamos para ser creyentes maduros, fructíferos, alegres y llenos de paz cuando nacemos de nuevo, el momento en que creemos que Jesús pagó por nuestros pecados, murió por nosotros para perdonar nuestros pecados, y nos dio el regalo de la vida eterna. El nuevo nacimiento también incluye nuestra decisión de creer que Él resucitó de forma triunfante de la muerte y que ahora está sentado en lugares celestiales esperando el tiempo correcto para su regreso y para completar nuestra redención.

> *A través del Espíritu, el Señor resucitado y glorificado residirá en nuestro frío corazón, y con Él llega su alegría.*
> Catherine Marshall,
> *El Ayudador*

Cuando nacemos de nuevo, recibimos la naturaleza de Dios (1 Juan 3:9), el fruto del Espíritu Santo (Gálatas 5:22-23), paz con Dios por medio de Jesucristo (2 Corintios 5:17, 21), y muchas otras bendiciones maravillosas. Estos regalos se depositan en nuestro espíritu, pero tenemos que llevarlos a nuestra alma (nuestra mente, voluntad y emociones) y finalmente demostrarlos mediante nuestros cuerpos físicos.

Es importante que creamos que Dios nos ha dado todo lo que necesitamos para hacer todo lo que nos pide. Su provisión viene en forma de semilla, porque Cristo es la "Simiente" de Dios (Gálatas 3:16-19); a medida que trabajamos con el Espíritu Santo, quien riega la semilla enseñándonos y entrenándonos en la Palabra de Dios, ayudándonos a entenderla y aplicarla a nuestra vida, esa semilla crece hasta la plenitud de lo que Él desea que lleguemos a ser. Mientras más nos convertimos en las personas que Él quiere que seamos, más aumenta nuestra alegría, satisfacción, y sensación de propósito.

Este es un principio espiritual importante, porque cuando no lo entendemos, batallamos en la vida intentando llegar a ser lo que ya somos en Cristo. Cuando nacemos de nuevo, Dios el Padre, Jesús el Hijo, y el Espíritu Santo vienen a habitar en el interior de nuestro espíritu humano. Él se muda, podríamos decir, y establece su residencia en nuestro corazón. Y Él ha prometido no dejarnos nunca ni abandonarnos (Hebreos 13:5). ¡Él está siempre con nosotros! Somos seres espirituales que tenemos un espíritu, un alma y un cuerpo. Necesitamos nuestro cuerpo para vivir en esta tierra, y lo que hacemos estando en el cuerpo es lo que ven otras personas.

A veces, cuando corregimos a las personas, dicen: "¡Pero mi actitud era correcta!". Querían hacer lo correcto, y aunque eso es encomiable, no debería convertirse en una excusa para no continuar y *hacer* lo correcto. Tener una buena actitud es muy importante, pero a veces las personas tienen una buena actitud en su interior y nunca sale al exterior: a sus acciones y conductas. Parte de la madurez espiritual es aprender a dejar que lo que hay en nuestro interior salga de nosotros.

Para pensar

1. ¿Por qué es importante expresar mediante sus palabras y acciones lo que Dios ha puesto en su interior?
2. Si su actitud es correcta con respecto a algo, y a la vez está batallando para comportarse debidamente, ¿qué cambios podría hacer para que sus acciones reflejen su actitud?

CAPÍTULO 23

Tres claves para una vida llena de alegría

Colosenses 1:28-29

A este Cristo proclamamos, aconsejando y enseñando con toda sabiduría a todos los seres humanos, para presentarlos a todos perfectos en él. Con este fin trabajo y lucho fortalecido por el poder de Cristo que obra en mí.

En el versículo de hoy, Pablo declara que él proclama solamente a Cristo, no a sí mismo ni a ningún otro, sino a Cristo. Él enseña sabiamente, teniendo en mente una meta: "presentarlos a todos perfectos en él". Esta debería ser la meta de cualquiera que enseña y predica la Palabra de Dios. Al mismo tiempo, todos los creyentes deberíamos desear y buscar ser cada vez más maduros espiritualmente e incluir el crecimiento personal entre nuestras metas personales.

Hay muchas maneras de crecer en Cristo, pero me gustaría enfocarme solo en tres de ellas hoy. Todas ellas tienen que ver con la forma en que empleamos nuestro tiempo: tiempo con Dios, tiempo en la Palabra de Dios, y tiempo con las personas que nos ayudan a crecer.

> *La alegría es muy infecciosa; por lo tanto, esté siempre lleno de alegría.*
>
> Madre Teresa de Calcuta

1. Tiempo con Dios.

No hay nada mejor que el tiempo que pasamos a solas con Dios. Durante ese tiempo, puede usted leer, estudiar, orar y hablar con Dios, o tan solo sentarse en su presencia y descansar en Él. Una vez oí que se puede estar tan cerca de Dios como uno quiera; todo depende de cuánto tiempo esté dispuesto a emplear en su relación personal con Él. Pasar tiempo con Dios no es una obligación religiosa; es un privilegio maravilloso.

2. Tiempo en la Palabra de Dios.

Le aliento a dedicar todo el tiempo posible a estudiar la Palabra de Dios y meditar en ella. Invertir tiempo en la Palabra de Dios como parte de su vida diaria es una de las mejores cosas que puede hacer para crecer espiritualmente. De hecho, es una necesidad absoluta. La Palabra le guiará, le animará, le dará sabiduría y también la confianza que necesita para hacer frente a cada día. Pasar tiempo en la Palabra de Dios no siempre significa leer la Biblia. También puede leer libros que le ayuden a explicar la Biblia o le ofrezcan enseñanzas sobre un tema concreto sobre el que está interesado en aprender más. También puede escuchar podcasts, ver buenos sermones en televisión, o aprender de varios tipos de canales en las redes sociales.

3. Tiempo con personas que le ayudarán a crecer.

Si realmente quiere crecer espiritualmente, es vital pasar tiempo con personas que puedan ayudarle, personas que también tengan hambre de las cosas de Dios. Establezca la prioridad de estar con personas que le edifiquen en su fe, no con personas que intenten alejarle de ella. Piense y ore por los tipos de personas que necesita en su vida al caminar con Dios, y pídale a Él que los traiga a su camino y le ayude a formar buenas relaciones con ellos.

Si tiene amigos que le están perjudicando y traen demasiada tentación a su vida, quizá sea necesario separase de ellos por su propio bien.

Siempre tiene la opción de gastar su tiempo o de invertirlo. No se me ocurre una manera mejor de usar su tiempo que invertirlo de maneras que le ayuden a crecer espiritualmente. Usted está invirtiendo tiempo en la lectura de este libro, y creo que le ayudará y fortalecerá no solo ahora mismo, sino también durante las próximas semanas y meses. Las lecciones y los principios que está aprendiendo hoy regresarán a usted cuando los necesite en el futuro.

Para pensar

1. ¿Qué meta personal le gustaría perseguir para crecer más espiritualmente: tiempo con Dios, tiempo en la Palabra de Dios, o tiempo con personas que le animen a crecer? Haga un plan que le ayude a crecer en esa área.

2. Además del tiempo con Dios, tiempo en la Palabra de Dios, y tiempo con personas que le ayuden a crecer, ¿cuáles son otras maneras en las que puede invertir en su madurez espiritual?

CAPÍTULO 24

Aproveche al máximo cada oportunidad

2 Corintios 5:20, NTV

Así que somos embajadores de Cristo; Dios hace su llamado por medio de nosotros. Hablamos en nombre de Cristo cuando les rogamos: «¡Vuelvan a Dios!».

El versículo de hoy atenaza mi corazón cada vez que lo leo. Tan solo piense en ello por un momento: usted y yo somos representantes personales de Cristo, y deberíamos comportarnos como Él lo haría en cada situación. Jesús vino para que pudiéramos tener vida y disfrutarla (Juan 10:10), y cuando las personas nos ven haciendo eso, les hace querer saber cómo pueden tenerlo ellos también.

¿Alguna vez ha pensado en el hecho de que puede que usted sea el único representante de Jesús que las personas que hay a su alrededor verán jamás? Esto es cierto, así que no es de extrañar que Pablo nos inste a ser sabios en nuestras interacciones con otros. A continuación hay tres sencillas sugerencias a considerar cuando tratamos con personas, especialmente con los que no conocen a Cristo.

1. Ayudar a las personas a sentirse bien consigo mismas.

Siempre puede empezar con una sonrisa. Una sonrisa puede iluminar un momento y ayudar a las personas a sentirse bien muy rápidamente. También puede decir algo que ayude a las personas a sentirse positivas acerca de sí mismas, incluso si es un simple cumplido sobre lo que llevan puesto o la forma de su peinado. Quizá no recuerden las palabras exactas que usted dijo, pero recordarán que usted les hizo sentir bien.

> Si no tiene alegría, hay una gotera en su cristianismo en algún lugar.
>
> Billy Sunday

2. Sea pacífico y manténgase estable.

En nuestro mundo actual, las emociones negativas son visibles en todo lugar. Ya sea un niño montando una pataleta en una tienda, un adolescente sollozando mientras habla con un amigo en una cafetería, o alguien enojado al manejar, el nivel de intensidad emocional es alto. Estoy segura de que a muchas personas que parecen enojadas y ofendidas les gustaría tener paz, pero no tienen ni idea de cómo obtenerla.

Si usted puede ser la persona estable cuando otros están estresados o ansiosos en su lugar de trabajo, su vecindario, su familia o cualquier otro grupo, las personas se darán cuenta. Prestarán atención cuando usted se mantenga en calma mientras todos están enojados, y no tardarán mucho en preguntarle por qué. Una vez que abran la puerta preguntándole por qué tiene usted tanta paz, simplemente puede decirles que es porque tiene a Jesús en su vida ayudándole en cada momento, y que Él está disponible también para ellos.

Si aceptan lo que usted dice, comparta todo lo que estén dispuestos a escuchar. Si rechazan lo que dice, simplemente continúe demostrándoles el fruto del Espíritu Santo y ore por ellos.

Las circunstancias no deben tener el control de sus emociones. Con la ayuda de Dios, puede mantenerse emocionalmente estable cuando todos a su alrededor están agitados emocionalmente por las circunstancias.

3. Valore a las personas.

Muchas personas hoy no se sienten especiales, amadas o valoradas. Como cristianos, sabemos que lo contrario es cierto.

Todos son preciosos para Dios, y demostrar que los valoramos es uno de los mejores regalos que podemos hacerles.

Hay muchas maneras sencillas de mostrar a las personas que son importantes: expresar interés en las cosas que les interesan, dedicar tiempo a escucharles y ser compasivos cuando necesitan hablar sobre un problema, suplir una necesidad práctica en sus vidas, sentarse con ellos a comer, preguntarles cómo les va durante un receso en el trabajo, o apoyarles si están atravesando un momento difícil. Ayudar a las personas a sentirse valoradas no exige mucho tiempo, dinero o esfuerzo, pero marca un impacto importante.

Además, le animaría a orar y pedirle a Dios regularmente que le dé sabiduría al tratar con los no creyentes y le ayude a aprovechar al máximo cada oportunidad que tenga con ellos. Él ama profundamente a cada uno, y usted nunca sabe cuándo Él podría usarle para marcar una diferencia eterna en sus vidas.

Para pensar

1. ¿De qué maneras prácticas puede ser un buen embajador para Cristo con las personas que le rodean, especialmente con quienes no conocen a Jesús?

2. ¿Cómo puede ayudar a alguien a sentirse valorado y especial? ¿Quién es esa persona?

CAPÍTULO 25

Cristo en ustedes, Parte 1

Colosenses 1:27

A estos Dios se propuso dar a conocer cuál es la gloriosa riqueza de este misterio entre las naciones, que es Cristo en ustedes, la esperanza de gloria.

Hoy y mañana nos enfocaremos en Colosenses 1:27, que es uno de los versículos más poderosos y maravillosos del Nuevo Testamento. Entender este versículo y vivir en su verdad es esencial para una vida de alegría y fortaleza, pero a veces lo leemos rápidamente, sin detenernos a considerar lo que realmente quiere decir. La palabra *gloria* significa la manifestación de toda la excelencia de Dios. No podemos ser glorificados sin que Cristo viva en nosotros, ayudándonos en cada momento a ser lo que Él desea. Por otro lado, somos su única esperanza de gloria aquí en la tierra porque Él obra a través de nosotros. Una manera en la que muestra su poder y grandeza es en el hecho de que Él cambia a las personas: nos sana, nos libera, nos hace emocionalmente fuertes y estables, nos da un sentido de propósito, entre otras cosas, después de recibirlo a Él como Salvador y Señor.

Cristo en nosotros es "la esperanza de gloria", pero ¿qué significa que Él esté "en" nosotros? Jesús vino a vivir en su corazón a través del Espíritu Santo cuando usted creyó en Él y lo recibió. Esto significa que usted es su casa. Usted nunca está solo. No tiene que hacer nunca nada solo. Nunca está demasiado lejos de la ayuda o la esperanza que necesita. Dios nunca está a más de un pensamiento de distancia de usted. En el momento en que dirige sus pensamientos hacia Él, es consciente de lo cerca que Él está de usted.

Permítame usar un ejemplo biológico para explicarlo un poco más. Cuando un hombre y una mujer

> *La plenitud de la alegría es contemplar a Dios en todo.*
> Julian de Norwich

tienen una relación sexual, y la simiente del esposo queda plantada en el vientre de su esposa, ella queda embarazada del hijo de él. Cuando Cristo llega a vivir al corazón de un creyente, nos quedamos embarazados, por así decirlo, de todo lo que Dios es. Jesús es llamado la "simiente" (Génesis 3:15); Él es la simiente de todo lo que es Dios y de lo que ha hecho en nosotros (Gálatas 3:16, 19; Juan 3:9).

Usted puede estar embarazado de todo tipo de verdades espirituales, por así decirlo, pero aún no las ha dado a luz. Quizá incluso sienta los dolores de parto. Pablo escribe a sus hijos espirituales: "por quienes vuelvo a sufrir dolores de parto hasta que Cristo sea formado en ustedes" (Gálatas 4:19). Pablo deseaba profundamente que los creyentes fueran plenamente formados a la imagen de Cristo. Él quería presentarlos espiritualmente maduros. Nosotros también queremos eso, y como Pablo, a veces sentimos los dolores de parto al permitir que Dios produzca algo nuevo en nuestra vida.

Cuando una mujer está embarazada, cree que tendrá a su bebé entre sus brazos cuando lo dé a luz. El bebé está vivo en ella, pero aún no ha salido al mundo donde ella puede verlo, oírlo, sostenerlo y hablarle. Ella sabe que tendrá que soportar un tiempo de espera y preparación antes de tener a su bebé, pero saber que su hijo viene a este mundo le da una alegría inmensa. El mismo principio se puede aplicar a nuestra vida espiritual. Las semillas han sido plantadas en usted como creyente, semillas de bondad, semillas de amor, semillas de paz, semillas de gozo, semillas de justicia, y otras semillas, pero no se convertirán en una cosecha de la noche a la mañana. Con el tiempo, mientras continúa caminando con Dios en obediencia a Él y mientras crece en su conocimiento de Él, las semillas se convertirán en buen fruto en su conducta que será agradable a Dios y atraerá a otros a Él.

Para pensar

1. En sus propias palabras, describa por qué Cristo en usted es "la esperanza de gloria".

2. ¿Cuáles son algunas buenas semillas que Dios ha puesto en usted?

CAPÍTULO 26

Cristo en usted, Parte 2

Colosenses 1:27

A estos Dios se propuso dar a conocer cuál es la gloriosa riqueza de este misterio entre las naciones, que es Cristo en ustedes, la esperanza de gloria.

Hoy veremos de nuevo Colosenses 1:27, un versículo que cambiará su vida al entenderlo y vivirlo. Ayer expliqué que Dios pone muchas cosas buenas en nuestro interior cuando recibimos a Jesús como Señor y Salvador, y que estas cosas buenas tardan tiempo en desarrollarse del todo. Esto significa que usted ya tiene todo lo que necesita en su interior. Simplemente tiene que creerlo.

El enemigo hace todo lo que puede para conseguir que usted *no* crea que Dios le ha dado todo lo que necesita y que *no* entienda quién es en Cristo. Aunque usted ha sido hecho nuevo en Cristo, él usará sus viejos deseos y hábitos para tentarle y que se desanime espiritualmente. Quiere que usted olvide que es una nueva creación en Cristo (2 Corintios 5:17) y que Cristo ahora vive en usted por el Espíritu Santo (2 Timoteo 1:14).

> *Una vida carente de alegría no es una vida cristiana, porque la alegría es una receta constante para la vida cristiana.*
>
> William Barclay

Él le tentará para que actúe de formas poco piadosas, pero usted no tiene que desgastarse luchando contra el mal comportamiento. Esto puede parecerle una batalla espiritual, y lo es. Lo único que tiene que hacer para ganar esta batalla es recordar quién es usted en Cristo y recordarse que Él vive en usted y que le ha hecho nuevo. Continúe estudiando la Palabra de Dios y pasando tiempo con Él. Cuando usted está profundamente arraigado en el amor de Dios y sabe quién es en Cristo, ejercer el dominio propio y tomar buenas decisiones en lugar de ceder a la tentación del enemigo no es difícil. Si se mantiene firme y diligente, verá buenos cambios continuos en su ser.

Intentar vivir una vida que honre a Dios en sus propias fuerzas, sin permanecer en Cristo, solo le frustrará. Así que, en lugar de eso, decida recibir la gracia que Dios le mostró y deje que Él haga el trabajo de cambiarle hasta hacer de usted la persona que Él le ha dado la habilidad de ser. Ninguna cantidad de esfuerzo humano para cambiarse a sí mismo será efectiva a menos que acuda a Dios y diga: "Realmente quiero vivir mejor, pero nada de lo que intente funcionará sin ti. Sé que has puesto cosas buenas en mí, pero necesito que las saques de mí. Ayúdame, Señor, a dar a luz lo que tú ya has puesto en mí".

El proceso de manifestar quiénes somos en Cristo no llega de forma rápida o sin oposición, porque el diablo continúa mintiéndonos. Es importante recordar que cualquier cosa que no esté de acuerdo con la Palabra de Dios es una mentira, y hasta que dejemos de creer las mentiras, no veremos los cambios que deseamos.

He aprendido muchas lecciones sobre caminar con Dios, y todavía sigo aprendiendo. También estoy desenmascarando las mentiras que el diablo ha usado para engañarme. Si usted se encuentra frustrado en su camino hacia el crecimiento espiritual, tan solo recuerde no volverse contra sí mismo, no vivir sintiéndose culpable, avergonzado o condenado, preguntándose qué le sucede porque no puede hacerlo todo bien. Todos cometemos errores. No tiene que comparar su crecimiento espiritual con el de nadie. Lo único que tiene que hacer es creer la Palabra de Dios, mantenerse en comunión con Jesús, y seguir avanzando. Mientras más siga avanzando en Cristo y se niegue a abandonar, más fuerte y estable será en lo espiritual. Cada día que no se rinde es un día en el que progresa.

Para pensar

1. La próxima vez que el enemigo intente hacerle creer una mentira sobre quién es usted en Cristo o sobre su relación con Dios, ¿cómo responderá?

2. ¿De qué maneras ha estado intentando cambiarse a sí mismo? ¿Cómo puede dejar que sea el Espíritu Santo quien le cambie?

CAPÍTULO 27

La alegría de caminar en amor

Gálatas 5:13-14

Les hablo así, hermanos, porque ustedes han sido llamados a ser libres; pero no se valgan de esa libertad para dar rienda suelta a sus pasiones. Más bien sírvanse unos a otros con amor. En efecto, toda la ley se resume en un solo mandamiento: «Ama a tu prójimo como a ti mismo».

Aparte de la importancia de recibir la salvación por la fe en Cristo, creo que aprender a caminar en amor es la lección más importante de la Palabra de Dios. Jesús dice que el amor es el mandamiento más importante (Marcos 12:28-31). Pablo escribe que el amor es lo más grande (1 Corintios 13:13), y le dice a Timoteo que el propósito de su enseñanza es "que el amor brote de un corazón limpio, de una buena conciencia y de una fe sincera" (1 Timoteo 1:5).

Si solo pudiera enseñar tres mensajes durante el resto de mi vida, el primero sería que somos salvos por gracia a través de la fe en Jesús, y por ella somos justificados y tenemos paz con Dios. El segundo sería la importancia de pasar regularmente un tiempo de calidad con Dios. Y el tercero sería recibir el amor de Dios, amarlo como respuesta, y caminar en amor con otras personas. Por fortuna, no tengo que limitar mi enseñanza a tres temas, pero digo esto solo para demostrarle lo importante que creo que es caminar en amor. Después de ser salvos por gracia, si nos tuviéramos que enfocar solo en amar a otras personas, tendríamos más alegría en nuestra vida y evitaríamos la mayoría de nuestros problemas.

El amor no hace daño a nadie. Las personas que caminan en amor no pueden ser infelices, porque no tienen su mente en sí mismas sino en lo que pueden hacer por Dios y por otros. A menudo he dicho que

> *Que Cristo sea nuestra alegría, nuestra confianza, nuestro todo. Que diariamente seamos más como Él, y estemos más dedicados a su servicio.*
>
> Matthew Henry, Comentario completo (Mateo 22:41-46)

no podemos ser egoístas y felices al mismo tiempo, y amar es el polo opuesto al egoísmo.

El amor al que me refiero no es el amor humano (carnal). No es un sentimiento, aunque puede incluir sentimientos. Es el mismo tipo de amor que Dios nos da. Es incondicional, eterno y poderoso. Se llama "la ley suprema" de la libertad (Santiago 2:8) porque la persona que ama no quebrantará ningún mandamiento. Si amamos a Dios como deberíamos, le obedeceremos felizmente, y uno de sus mandamientos es que debemos amarnos unos a otros. De hecho, Jesús dice: "Este mandamiento nuevo les doy: que se amen los unos a los otros. Así como yo los he amado, también ustedes deben amarse los unos a los otros. De este modo todos sabrán que son mis discípulos, si se aman los unos a los otros" (Juan 13:34-35).

El amor es algo que se puede ver y sentir, y se muestra de diversas maneras. Primera de Corintios 13, a menudo, se denomina el "capítulo del amor" de la Biblia, y en los versículos 4-8, Pablo ofrece esta descripción del amor:

El amor es paciente, es bondadoso. El amor no es envidioso ni jactancioso ni orgulloso. No se comporta con rudeza, no es egoísta, no se enoja fácilmente, no guarda rencor. El amor no se deleita en la maldad, sino que se regocija con la verdad. Todo lo disculpa, todo lo cree, todo lo espera, todo lo soporta. El amor jamás se extingue.

Cuando enseño sobre el amor, ofrezco este resumen de 1 Corintios 13:4-8: El amor es paciente con las personas, y siempre cree lo mejor de ellas. El amor ayuda a otros, da, y es rápido en perdonar. Esta es una lista muy básica, pero solo estas cinco cualidades del amor nos dan mucho que pensar y que pedirle a Dios que nos ayude a hacerlo.

Recomiendo mucho que todos nos enfoquemos en caminar en amor. Esto requiere intencionalidad y decir no al yo regularmente. Puede parecer difícil de hacer, pero cuando amamos a alguien, queremos sacrificarnos por esa persona y encontramos alegría expresando nuestro amor por ella de esta manera.

Para pensar

1. ¿Cómo puede experimentar alegría sirviendo a alguien mediante el amor hoy?
2. ¿Qué tipo de sacrificio hará por alguien esta semana, simplemente para demostrarle que le ama?

CAPÍTULO 28

Evitar discusiones aumenta la alegría

2 Timoteo 2:23-24

No tengas nada que ver con discusiones necias y sin sentido, pues ya sabes que terminan en pleitos. Y un siervo del Señor no debe andar peleando; más bien, debe ser amable con todos, capaz de enseñar y no propenso a irritarse.

Cuando piensa en cómo se siente durante una discusión, ¿qué palabras vienen a su mente? Estoy segura de que *alegre* no es una de ellas. Las discusiones y las disputas con otras personas apagan la alegría en nuestro corazón y nos dejan sintiéndonos enojados, molestos, rechazados, frustrados, confundidos o tristes. Por eso, Pablo nos insta en el pasaje de hoy a evitar diligentemente las conversaciones necias, las discusiones o las disputas. En la versión Reina Valera Contemporánea (RVC), se traduce así: "Pero desecha las cuestiones necias e insensatas; tú sabes que generan contiendas".

Pablo también observa que el que sirve al Señor debe ser "amable para con todos". La Nueva Traducción Viviente dice que "debe ser bondadoso con todos". A mí me gusta resumirlo diciendo que los hijos de Dios deberían procurar y mantener la paz, lo cual significa que deberíamos ser diligentes en no participar de las riñas.

> La alegría, no la determinación, es la marca distintiva de la obediencia santa. Tenemos que ser alegres en lo que hacemos para evitar tomarnos a nosotros mismos demasiado en serio. Es una revolución alegre en contra del yo y el orgullo.
> Richard J. Foster, *La libertad de la simplicidad*

No oímos la palabra *riña* a menudo, pero está caracterizada por una sensación desagradable en las relaciones, contención, polémica, disputas, ofensa, o desacuerdos acalorados. Cuando la riña está presente, hay una corriente subterránea de enojo que fluye entre individuos o grupos de personas, causando tensión y peleas. La riña destruye matrimonios, familias, amistades, empresas e iglesias. Es una herramienta que Satanás usa para detener la voluntad de Dios. La riña es un fruto del orgullo (Proverbios 13:10). La riña es peligrosa y destructiva, como una enfermedad mortal y contagiosa, y se extiende rápidamente a menos que la gente la confronte.

Es importante para nosotros como pueblo de Dios evitar las discusiones necias y las riñas, y estar dispuestos a humillarnos y hacer todo lo que podamos para mantener la paz con otros. Pablo sabía el poder que tienen los creyentes cuando vivimos en unidad y acuerdo (Mateo 18:19), y les, dijo a los filipenses que completarían su alegría si vivían en armonía (Filipenses 2:2, NTV). Debemos perseguir la paz, anhelarla y buscarla con todo nuestro corazón (Salmos 34:14, NTV). Sin paz, carecemos de poder y de alegría.

Le insto a no involucrarse en conversaciones que lleven a la riña. Evite controversias en cuanto a asuntos que ni siquiera son importantes, y rehúse participar de la murmuración y la crítica, que son cosas impías e innecesarias. No propague rumores ni cuente los secretos de otras personas. Estas cosas provocan corrientes subterráneas de enojo, prenden el resentimiento, minan la confianza, y obstaculizan el poder de Dios. Muchos hogares no pueden prosperar y ser bendecidos porque todos están metidos en riñas. Mamá y papá discuten y se pelean; los hermanos discuten y se enojan entre sí. Toda la familia pierde la alegría y la bendición que Dios quiere que tengan, y nadie es feliz salvo el enemigo.

Quiero repetir que la riña es muy peligrosa y que, como personas que servimos a Dios, debemos hacer todo lo que podamos para evitarla. Según el Salmo 133, cuando las personas habitan en unidad, la vida es buena y agradable. La unidad libera la unción (la presencia y el poder de Dios), y es también donde Dios manda que se libere su bendición.

Cuando Dave y yo comenzamos Joyce Meyer Ministries, Dios nos dijo claramente que nos mantuviéramos alejados de las riñas. Nos mostró que Él no podría bendecirnos y que no tendríamos éxito si permitíamos la riña en nuestro matrimonio, en nuestro hogar o en nuestro ministerio. Hemos trabajado diligentemente a lo largo de los años para mantener la riña lejos de nuestras vidas. Eso requiere estar dispuestos a comunicar y confrontar problemas constantemente.

Algunas personas piensan que la riña se irá si sencillamente la ignoran, pero eso no es cierto; hay que tratar con ella. Le animo a que le pida al Espíritu Santo que le ayude a ser una persona que evite la riña, que restaure la paz, y que difunda alegría por dondequiera que vaya.

Para pensar

1. ¿De qué maneras puede traer paz para vencer la riña que quizá pueda tener en sus relaciones?
2. ¿Cómo aumentaría su gozo la ausencia de la riña en su vida?

CAPÍTULO 29

Deje atrás sus viejas conductas

Colosenses 3:5-11

Por tanto, hagan morir todo lo que es propio de la naturaleza terrenal: inmoralidad sexual, impureza, bajas pasiones, malos deseos y avaricia, la cual es idolatría. Por estas cosas viene el castigo de Dios. Ustedes las practicaron en otro tiempo, cuando vivían en ellas. Pero ahora abandonen también todo esto: enojo, ira, malicia, calumnia y lenguaje obsceno. Dejen de mentirse unos a otros, ahora que se han quitado el ropaje de la vieja naturaleza con sus vicios, y se han puesto el de la nueva naturaleza, que se va renovando en conocimiento a imagen de su creador. En esta nueva naturaleza no hay griego ni judío, circunciso ni incircunciso, culto ni inculto, esclavo ni libre, sino que Cristo es todo y está en todos.

Al leer el pasaje bíblico de hoy, podrá ver que no hay nada alegre en las conductas negativas que menciona. Como los hábitos de esta lista son tan perjudiciales, Pablo dice que los hagamos "morir". En términos espirituales, eso significa escoger crucificar la carne y morir al yo con la ayuda del Espíritu Santo. Todos los creyentes son llamados a hacerlo. Pablo escribe que conoce personalmente lo que significa: "En cuanto a mí, jamás se me ocurra jactarme de otra cosa sino de la cruz de nuestro Señor Jesucristo, por quien el mundo ha sido crucificado para mí, y yo para el mundo" (Gálatas 6:14). Y, en Gálatas 2:20, expresa: "He sido crucificado con Cristo, y ya no vivo yo, sino que Cristo vive en mí". Espiritualmente hablando, eso sucedió cuando Cristo murió y resucitó de la muerte. Ahora, estamos en el proceso de aprender a caminar en lo que Él compró para nosotros con su sangre.

Cuando los nuevos creyentes leen estos versículos, quizá piensen: *¡Imagínate hacer morir todas estas cosas negativas! ¡Eso debe ser maravilloso!* Más adelante piensan: *Pero yo todavía no estoy ahí. ¡No creo que ni siquiera esté cerca!* No siempre se entiende que Pablo había seguido a Cristo por veinte años cuando escribió estas palabras. Esto debería dar esperanza a todos. La pregunta no es si ya hemos "llegado"; la pregunta es: *¿Estamos creciendo?*

> *¡Alégrense, ustedes los justos; regocíjense en el SEÑOR! ¡Canten todos ustedes, los rectos de corazón!*
>
> Salmos 32:11

No agradamos a Dios haciendo todo perfectamente todo el tiempo. Agradamos a Dios teniendo fe, amándole, y queriendo madurar en Él. Recuerde siempre que una persona con un corazón recto que comete algunos errores está mucho mejor posicionada para el crecimiento espiritual que alguien con una conducta perfecta pero con un corazón impuro.

Pablo usa un lenguaje fuerte en Colosenses 3:5-11 cuando declara: "Hagan morir…". No está animando a la violencia contra nosotros mismos; está intentando aclarar que hay que tratar con el pecado con firmeza y decisión. Cuando usted sabe que hay pecado en su vida, la primera cosa importante que debe hacer es arrepentirse de ello y comenzar a orar regularmente para que Dios le fortalezca y le capacite para permanecer firme contra la tentación. Si una persona específica le tienta a pecar, quizá tenga que ajustar o interrumpir esa amistad. Si su trabajo le exige hacer cosas que usted sabe que no están bien, tendrá que conseguir otro trabajo. Si tiene sobrepeso y los dulces son una gran tentación para usted, no los compre. Cuando Dios le muestre algún paso que dar, es importante que le obedezca. La obediencia a Dios significa ajustar o eliminar cualquier cosa de nuestra vida que no armonice con Él. Mientras más vivamos en armonía con Él, más aumentarán nuestra paz y alegría.

La mejor forma que conozco de crucificar la carne en nuestra vida diaria y práctica es simplemente no alimentarla. Podemos matar cualquier cosa si dejamos de alimentarla. Cada vez que cedemos a un mal deseo, alimentamos al enemigo; pero cada vez que resistimos esas tentaciones, el rasgo carnal se debilita cada vez más hasta que finalmente muere. Al negar la carne y alimentar las cosas de Dios haciendo lo que nos enseña su Palabra, crecemos espiritualmente y disfrutamos de sus bendiciones.

Permítame animarle hoy a pensar sobre lo que roba su alegría. Decida que no lo alimentará más y que, en su lugar, se enfocará en los pensamientos y acciones que aumentarán la alegría que Dios le ha dado.

Para pensar

1. ¿Qué tiene que "hacer morir" (eliminar) en su vida para que aumente su alegría?

2. ¿Por qué tener un corazón puro hacia Dios —aun cuando nuestra conducta puede ser imperfecta— lo posiciona para crecer espiritualmente?

CAPÍTULO 30

Siga al árbitro de su alma

Colosenses 3:15

*Y que la paz que viene de Cristo gobierne en sus corazo-
nes. Pues, como miembros de un mismo cuerpo, ustedes
son llamados a vivir en paz. Y sean siempre agradecidos.*

La paz es importante por muchas razones, pero una de ellas es que conduce a la alegría. Cuando tenemos paz, podemos tener alegría; y, cuando tenemos alegría, podemos tener paz. Me gusta pensar en la idea de la paz como un árbitro en nuestros corazones que nos ayuda a entender cómo usa Dios su regalo de paz para ayudarnos en nuestras vidas.

En un juego de béisbol, el árbitro tiene la última palabra con respecto a si un jugador sigue jugando o es expulsado. Si el jugador es expulsado, debe abandonar el juego temporalmente. La paz es similar a un árbitro con respecto a que nos hace saber lo que deberíamos permitir en nuestra vida y lo que deberíamos eliminar. Primera de Corintios 14:33 nos dice que "Dios no es un Dios de desorden, sino de paz"; y Efesios 2:14 afirma que Jesús mismo "es nuestra paz". Cuando Dios nos da paz con respecto a algo, sabemos que es correcto para nosotros; y, cuando Él no nos da paz, sabemos que no es correcto para nosotros.

> *Cuando se nos dice que nos alegremos siempre, inmediatamente nos dice que oremos sin cesar. Debemos apuntar muy alto en la oración: no solo en la paz sino también en la alegría.*
>
> Matthew Henry, Comentario completo (Juan 15:11)

Necesitamos aprender a seguir la paz cuando tomamos decisiones. Muchas personas toman decisiones basándose en lo que *quieren* hacer o en lo que *piensan* que parece bueno. Los pensamientos y los deseos humanos pueden ser muy fuertes, de modo que es extremadamente

importante que sometamos nuestros deseos a la guía del Espíritu Santo. Solamente Él sabe lo que es mejor para nosotros.

Es posible que nos emocionemos tanto por algo, que nos
convenzamos a nosotros mismos para hacerlo y forcemos las
cosas para que suceda, incluso si realmente no tenemos paz al
respecto. En Salmos 127:1 leemos: "Si el Señor no edifica la casa,
en vano se esfuerzan los albañiles". No dice que los albañiles no
pueden construirla, sino que su duro trabajo es en vano.

Cuando nos sentimos muy emocionados por algo, nuestro
entusiasmo puede anteponerse a cualquier falta de paz que
podamos sentir en lo profundo de nuestro corazón. Yo he aprendido que, cuando estoy inusualmente emocionada por algo, el
mejor curso de acción para mí es no actuar enseguida. Es más
inteligente para mí que espere un poco, deje que el entusiasmo
se calme, y entonces vea lo que pienso sobre la situación. En
ocasiones siento paz y sigo adelante; otras veces no es así. Pero
al menos me doy a mí misma una oportunidad de comprobar si
la paz está ahí o no.

Si usted ha pagado alguna vez el precio de avanzar con
una decisión cuando no tenía paz al respecto, sabrá a qué me
refiero. Podría ser algo tan sencillo como comprar algo que
tenía muchas, muchas ganas de tener, aunque una sensación
interior le decía que no lo hiciera. O podría ser algo tan complicado como meterse profundamente en una relación que afectó
a varias personas cuando usted sabía en su corazón que no era
correcto. Cuando no seguimos la paz y tenemos que vivir con
las consecuencias de esa decisión, nos ayuda a aprender a ser
guiados por la paz en el futuro.

Quisiera añadir que la paz es una de las principales maneras en las que oímos de parte de Dios. Dios nos dirige y nos

revela su voluntad de muchas maneras diferentes. Cuando Él nos dirige verdaderamente, tenemos una profunda sensación de paz en nuestro corazón acerca de la dirección en la que Él quiere que vayamos. Puede que a nuestra carne no le guste todo sobre la situación, pero la paz en nuestro corazón, o la falta de ella, nos dirá lo que es correcto.

Para pensar

1. Si alguna vez ha sentido falta de paz acerca de algo pero siguió adelante de todos modos, ¿qué lecciones le enseñó esa experiencia?
2. Cuando ha permitido que la paz sea el árbitro de su alma, ¿cómo aumentó su alegría a medida que siguió esa paz?

CAPÍTULO 31

Nueva vida en Cristo

Efesios 2:1-2, 4-7

En otro tiempo ustedes estaban muertos en sus transgresiones y pecados, en los cuales andaban conforme a los poderes de este mundo... Pero Dios, que es rico en misericordia, por su gran amor por nosotros, nos dio vida con Cristo, aun cuando estábamos muertos en pecados. ¡Por gracia ustedes han sido salvados! Y en unión con Cristo Jesús, Dios nos resucitó y nos hizo sentar con él en las regiones celestiales, para mostrar en los tiempos venideros la incomparable riqueza de su gracia, que por su bondad derramó sobre nosotros en Cristo Jesús.

Antes de que usted y yo cobráramos vida en Cristo, estábamos espiritualmente muertos y separados de Dios por causa del pecado. Caminábamos en pecado y vivíamos conforme a los caminos del mundo, siguiendo inconscientemente los caminos de Satanás, el enemigo del propósito y la voluntad de Dios. Puede que fuéramos totalmente inconscientes de nuestro pecado porque estábamos muertos en Dios, lo cual significa que no teníamos ninguna relación con Él y de ninguna manera éramos guiados por su Espíritu. Si usted recuerda su vida antes de aceptar a Jesús como su Salvador, probablemente recordará que estaba vacía de paz y alegría.

Pero Dios intervino por todos nosotros, e incluso cuando no teníamos ningún interés en Él, Él se interesó por nosotros. Por medio de Cristo, Él abrió un camino para que fuéramos liberados de la esclavitud del pecado y la miseria de la separación de Él.

Jesús pagó el precio para que podamos estar espiritualmente vivos en Él, para poder ser completamente perdonados de nuestro pecado y que recibamos una vida nueva. Él lo hizo porque nos ama. En los versículos de hoy, Pablo recuerda a los efesios qué regalo tan asombroso es esta vida nueva. Lo único que tenemos que hacer es creer y rendir nuestras vidas a Él.

Pablo utiliza solamente dos breves palabras para iniciar Efesios 2:4, pero son palabras poderosas: "Pero

> *La vida que Dios ha provisto para nosotros por medio de Jesucristo es un regalo precioso, y deberíamos disfrutar de cada momento de ella.*
>
> Joyce Meyer,
> *Devocionario Mujer segura de sí misma*

Dios". Eso significa que Dios nos dio una respuesta al dilema en el cual viven las personas sin Cristo. "Pero Dios" es la transición de la desesperanza a la esperanza, y de la completa negatividad a la positividad. Las personas estaban muertas en pecado, pero Dios intervino. Hablando espiritualmente, Dios nos resucitó y nos sentó en las regiones celestiales porque estábamos en Cristo. Esto sigue siendo verdad para todo aquel que cree.

La frase "pero Dios" se utiliza con frecuencia en la Escritura. En muchas ocasiones, está en conexión con el poder liberador de Dios (1 Samuel 23:14; Salmos 49:15; 73:26; Romanos 5:8). Observemos que el apóstol Juan escribe que el diablo viene para matar, robar y destruir, *pero* Jesucristo vino a la tierra para que tuviéramos "una vida plena y abundante" (Juan 10:10, NTV). A pesar de todos los esfuerzos de Satanás por buscar nuestro daño y destrucción, Dios siempre tiene un plan para nuestro rescate y victoria. Sin importar lo que atravesemos, Dios siempre es consciente de ello y siempre intervendrá.

Dios no solo nos dio vida cuando estábamos muertos en pecado, sino que nos dio la vida misma de Cristo y nos sentó en las regiones celestiales (Efesios 2:5-6). No quiero que pasemos por alto el poder de esta verdad, de modo que explicaré lo que significa: cuando Jesús había cumplido todo aquello que su Padre le envió a hacer a la tierra, el Padre resucitó a Jesús y lo sentó a su diestra, a esperar que sus enemigos sean puestos por estrado de sus pies (Hebreos 10:12-13). En otras palabras, Jesús está ahora en perfecto descanso y paz, y si nosotros estamos sentados con Él, entonces ese mismo descanso y paz están a nuestra disposición.

La próxima vez que comience a sentirse molesto por algo en su vida, diga a sus emociones que tomen su asiento en Cristo y confíe en que Él hará lo que usted no puede hacer. Su vida antes de Cristo quizá estuvo caracterizada por preocupación, temor y ansiedad, pero ahora que está usted en Él, puede tener una vida de descanso, paz y alegría.

Para pensar

1. ¿Puede pensar en un momento "pero Dios" en su vida, una situación en la que usted transitaba por una dirección y Dios intervino para cambiar las cosas? Recuerde eso y dé gracias a Dios por ello hoy.

2. Cuando piensa en la vida nueva que Dios le ha dado en Cristo, ¿cómo le permite eso encontrar descanso, paz y alegría?

CAPÍTULO 32

Siga haciendo el bien

Gálatas 6:9-10

No nos cansemos de hacer el bien, porque a su debido tiempo cosecharemos si no nos damos por vencidos. Por lo tanto, siempre que tengamos la oportunidad, hagamos bien a todos, y en especial a los de la familia de la fe.

Cuando hacemos lo correcto y hacemos el bien durante un periodo de tiempo, y creemos que estamos sembrando buena semilla pero no obtenemos una buena cosecha, podemos llegar a sentirnos frustrados. Pero Pablo nos insta a no cansarnos de hacer el bien ni de hacer lo correcto. No deberíamos hacer lo correcto simplemente para recibir una recompensa; deberíamos hacerlo porque es correcto. A veces, eso significa tener que tratar bien a alguien por un largo periodo de tiempo antes de que esa persona a su vez nos trate bien. Quizá nunca nos tratará bien, pero nuestra recompensa viene de Dios y no de otros seres humanos. Cuando esperamos que las personas nos den elogios, aprecio o bendiciones, podemos quedar muy decepcionados, pero cuando esperamos en Dios, Él nunca olvida lo que hemos hecho, y sabe exactamente cómo bendecirnos.

Creo firmemente que cualquiera que siga consistentemente los principios de Dios terminará disfrutando de una vida buena. Quienes se acercan a Dios deben "creer que él existe y que él recompensa a los que lo buscan con sinceridad" (Hebreos 11:6, NTV). Las promesas de Dios nunca fallan. Puede que su cumplimiento tarde más de lo que nos gustaría, pero si no nos cansamos y seguimos haciendo lo correcto, nuestra recompensa llegará.

> La alegría debe ser uno de los ejes de nuestra vida. Es la prueba de una personalidad generosa.
> Madre Teresa de Calcuta

Tras alentarnos a no cansarnos de hacer el bien en Gálatas 6:9, Pablo pasa a ofrecer una enseñanza que ha cambiado mi vida. Quienes estudian la Palabra de Dios usualmente tienen ciertos versículos y pasajes que influencian sus vidas de manera importante, y Gálatas 6:10 es uno de esos versículos para mí. Pablo escribe: "Por lo tanto, siempre que tengamos la oportunidad, hagamos bien a todos, y en especial a los de la familia de la fe". Otras traducciones lo expresan como que estemos atentos a ser una bendición. Estar atento significa tener nuestra mente llena de algo, o pensar a propósito en eso. Podríamos decir que, en este versículo, significa pensar deliberadamente en cómo podemos bendecir a otros.

Durante un periodo de tiempo cuando yo buscaba saber qué significaba amar a otras personas en términos prácticos, este versículo me dio una enseñanza sencilla. Y, a medida que la he seguido, mi alegría ha aumentado. He formado el hábito de tomar tiempo para pensar intencionadamente en maneras de poder bendecir a otras personas. Le aliento a que le pida a Dios que le muestre cómo puede bendecir a personas concretas en su vida, y creo que Él lo hará. Aprenda a escuchar a los demás, porque generalmente le dirán durante el curso de la conversación lo que necesitan, lo que les gusta o lo que quieren. Si tiene la posibilidad, entonces intente hacer que eso suceda para ellos. Mientras menos tengamos la mente puesta en nosotros mismos, más felices seremos.

Usted podría oír a un amigo mencionar que la niñera para el fin de semana canceló su cita, y que tendrá que perderse algo que esperaba con ilusión porque no pudo encontrar un sustituto. Quizá usted conoce a alguien a quien podría sugerir como niñera, o tal vez usted mismo podría cuidar del niño. Podría oír a una mamá soltera decir que no ha podido llevar a su familia a comer fuera en meses, y podría darle un cupón regalo para un restaurante. Yo podría hacer muchas sugerencias, pero estoy segura de que entiende a lo que me refiero. No permita que pasen por su lado las oportunidades de ayudar a otros sin que al menos piense creativamente en maneras de poder ayudar. Será transformador. Hágalo intencionadamente, ¡y no se canse de hacerlo!

Para pensar

1. ¿Se ha cansado de hacer el bien? ¿Cómo le alienta la lectura de hoy a seguir haciendo lo que es correcto y bueno?

2. ¿Ha oído a alguien recientemente mencionar algo que podría necesitar? ¿Cómo puede usted suplir esa necesidad?

CAPÍTULO 33

Encuentre alegría en medio del sufrimiento

Colosenses 1:24

Ahora me alegro en medio de mis sufrimientos por ustedes, y voy completando en mí mismo lo que falta de las aflicciones de Cristo, en favor de su cuerpo, que es la iglesia.

Tal vez más que cualquier otro escritor bíblico, Pablo sabía cómo alegrarse en el sufrimiento. Él escribe acerca de sus experiencias difíciles en 2 Corintios 11:23-27:

He estado en peligro de muerte repetidas veces. Cinco veces recibí de los judíos los treinta y nueve azotes. Tres veces me golpearon con varas, una vez me apedrearon, tres veces naufragué...en peligros de ríos, peligros de bandidos, peligros de parte de mis compatriotas, peligros a manos de los gentiles, peligros en la ciudad, peligros en el campo, peligros en el mar y peligros de parte de falsos hermanos. He pasado muchos trabajos y fatigas, y muchas veces me he quedado sin dormir; he sufrido hambre y sed, y muchas veces me he quedado en ayunas; he sufrido frío y desnudez.

> *La felicidad es causada por cosas que suceden a mi alrededor, y las circunstancias la estropearán; pero la alegría fluye entre los problemas; la alegría fluye entre la oscuridad; la alegría fluye en la noche igual que en el día; la alegría fluye en medio de toda persecución y oposición.*
>
> Dwight L. Moody

Obviamente, Pablo estaba muy familiarizado con el sufrimiento. Además de las angustias que menciona en el pasaje de hoy, también lo encarcelaron varias veces y pasó varios años en prisión. Aprendió a alegrarse en su sufrimiento, de modo que sabe exactamente lo que nos está pidiendo cuando nos insta a alegrarnos en el nuestro.

No nos alegramos *porque* estemos

sufriendo. Nadie disfruta del sufrimiento, pero podemos alegrarnos en que tenemos esperanza por medio de Cristo en medio de nuestro dolor y nuestras luchas. Eso me recuerda 1 Tesalonicenses 5:18, donde Pablo nos enseña: "Den gracias a Dios *en* toda situación" (énfasis de la autora). No dice que demos gracias *por* toda situación, pues él sabe que, a pesar de lo que suceda, podemos dar gracias en medio de situaciones difíciles porque tenemos una relación con Dios y Él está siempre con nosotros. Pablo explica el valor de alegrarnos en tiempos difíciles en Romanos 5:3-4: "...sino que también nos regocijamos en los sufrimientos, porque sabemos que los sufrimientos producen resistencia, la resistencia produce un carácter aprobado, y el carácter aprobado produce esperanza" (RVC).

El apóstol Santiago también escribe acerca de los aspectos positivos de sufrir como creyentes en Cristo: "Hermanos míos, considérense *muy* dichosos cuando tengan que enfrentarse con diversas pruebas, pues ya saben que la prueba de su fe produce constancia" (Santiago 1:2-3, énfasis de la autora). La mayoría de las personas no responden inmediatamente a las pruebas con alegría. Podemos ser tentados a quejarnos, a enojarnos, a deprimirnos, o a tener temor. Esas serían reacciones naturales y entendibles, pero los cristianos podemos responder de modo diferente porque sabemos que Dios está de nuestro lado, y que Él es nuestro libertador, vindicador, sanador, y todo lo demás que necesitemos.

Santiago dice que nos alegremos en las pruebas porque producen constancia. Pero pueden producir muchas emociones negativas antes de que la constancia se muestre con fuerza. Si permitimos que suceda, las pruebas pueden impulsarnos hacia autocompasión, orgullo, temor, rebelión, egoísmo, celos, u otros estados dañinos. No tenemos que permitir que la negatividad controle cómo vemos las épocas difíciles de nuestra vida.

Pablo establece un ejemplo maravilloso de alegría en medio de las pruebas y el dolor, y Santiago dice que nos consideremos "muy dichosos" cuando sufrimos. Estos dos apóstoles afirman que el sufrimiento produce constancia. Nos hace fuertes en el Señor. Yo he experimentado algunas situaciones dolorosas en mi vida, y no me tomo a la ligera el sufrimiento. Entiendo que alegrarnos en medio de las pruebas no es fácil, pero le aliento a hacerlo. No tenemos que ser felices por el sufrimiento, pero podemos escoger soportarlo con el gozo del Señor en nuestro corazón. Al hacerlo, Él nos fortalecerá y nos mostrará cada vez mayor gracia para que podamos resistirlo.

Para pensar

1. ¿Cómo ha usado Dios el sufrimiento para fortalecerle y acercarle más a Él?
2. Piense en algo que le haya hecho sufrir. ¿Cómo podría haber encontrado alegría en medio de esas circunstancias? Recuerde eso la próxima vez que atraviese un periodo difícil.

CAPÍTULO 34

No se inquiete por nada

Filipenses 4:6-7

No se inquieten por nada; más bien, en toda ocasión, con oración y ruego, presenten sus peticiones a Dios y denle gracias. Y la paz de Dios, que sobrepasa todo entendimiento, cuidará sus corazones y sus pensamientos en Cristo Jesús.

El pasaje de la escritura de hoy nos ofrece cuatro principios prácticos y poderosos: No se inquiete. Ore. Sea agradecido. Disfrute de la paz. No puedo decir cuántas veces medito en estos versículos o los declaro, en especial cuando el enemigo me tienta a preocuparme.

La mayoría de nosotros tenemos muchas oportunidades para preocuparnos e inquietarnos, pero podemos decidir manejar las cosas de modo diferente. En lugar de preocuparnos, podemos orar por lo que necesitamos o queremos. Podemos orar acerca de las situaciones que nos preocupan, y mediante la oración podemos invitar a Dios a obrar en esas circunstancias. Mientras presentamos nuestras peticiones a Dios, hemos de vivir una vida de agradecimiento. A pesar de cuántos problemas podamos tener, todos tenemos más bendiciones que dificultades. Si somos ingratos por lo que ya tenemos, ¿por qué debería Dios darnos más? ¿No sucedería que meramente tendríamos más de lo que quejarnos? Podemos pensar que seríamos felices y agradecidos si no tuviéramos cierto problema; pero la experiencia nos dice que, a menos que tengamos un corazón agradecido que siempre busque motivos para dar gracias, siempre encontraremos algo de lo que quejarnos, sin importar lo que Dios haga por nosotros.

> La alegría y la risa son los regalos de vivir en la presencia de Dios y confiar en que no vale la pena preocuparse por el mañana.
>
> Henri Nouwen

Pablo nos asegura que, si nos negamos a inquietarnos, si oramos y damos gracias, la paz de Dios guardará nuestros corazones de un modo que "sobrepasa todo entendimiento". Estar contento o descontento tiene poco que ver con nuestras circunstancias y todo que ver con nuestro corazón hacia Dios.

Una forma práctica de evitar la preocupación es sustituir los "pensamientos de preocupación" por pensamientos sobre ocasiones en que usted tuvo problemas y Dios le ayudó. Los pensamientos piadosos fortalecerán su fe. Otra forma de apartar la mente del problema es no pensar en ello o conversar sobre ello continuamente. Haga algo. Involúcrese en ayudar a otra persona que esté sufriendo. Salga a almorzar o a tomar un café con un amigo. Si está ocupado con otra cosa que no sea su propio problema, no permanecerá en la primera línea de su mente.

La preocupación parece casi una epidemia en la sociedad hoy día. Algunas personas creen incluso que es su obligación preocuparse o inquietarse por sus hijos cuando están fuera con sus amigos, pero orar a Dios pidiendo que les dé sabiduría y los proteja sería un uso mucho mejor de su tiempo. Yo era antes una maestra de la preocupación, y me tomó bastante tiempo tener una victoria en esta área. Me preocupaba hasta que finalmente entendía que yo no era lo bastante inteligente para resolver mis propios problemas y que necesitaba la ayuda de Dios. La forma de obtener la ayuda de Dios es mediante la oración (pedir en fe) y vivir con una actitud de gratitud mientras esperamos la victoria o el avance que necesitamos.

La inquietud es inútil. No tiene ningún efecto positivo pero sí tiene efectos negativos. Puede causar dolores de cabeza, estrés, tensión, temor, actitudes negativas, problemas estomacales, dificultad para dormir, y muchas otras angustias. Es como mecernos en una mecedora, lo cual nos mantiene ocupados pero no nos lleva a ninguna parte.

Si usted ha batallado con la inquietud y la preocupación,

igual que yo, deje que le aliente a que su experiencia con la fidelidad de Dios le ayudará inmensamente. Cada vez que Dios resuelve un problema para usted y usted lo recuerda, su fe se fortalecerá. Piense en escribir un diario de gratitud en el que anote las ocasiones cuando Dios le ha ayudado y le dio la victoria.

Cuando esté bajo un ataque de preocupación, en lugar de esforzarse mucho para dejar de preocuparse, pida al Espíritu Santo que le ayude; entonces retenga su paz mientras Dios obra en su situación.

Para pensar

1. ¿Cuáles son los cuatro principios de Filipenses 4:6-7? ¿Cómo le ayudaría aplicarlos a cierta situación en su vida?

2. Piense en una ocasión cuando Dios resolvió un problema por usted. ¿Cómo fortalece su fe recordar lo que Él hizo?

CAPÍTULO 35

Escoja pensamientos que conducen a la alegría, Parte 1

Filipenses 4:8-9

Por último, hermanos, consideren bien todo lo verdadero, todo lo respetable, todo lo justo, todo lo puro, todo lo amable, todo lo digno de admiración, en fin, todo lo que sea excelente o merezca elogio. Pongan en práctica lo que de mí han aprendido, recibido y oído, y lo que han visto en mí, y el Dios de paz estará con ustedes.

El pasaje de la escritura de hoy sigue a Filipenses 4:6-7, que recordará de la lectura de ayer: "No se inquieten por nada; más bien, en toda ocasión, con oración y ruego, presenten sus peticiones a Dios y denle gracias. Y la paz de Dios, que sobrepasa todo entendimiento, cuidará sus corazones y sus pensamientos en Cristo Jesús". Hoy, Pablo nos enseña exactamente en qué pensar mientras esperamos respuestas a nuestras oraciones y la ayuda de Dios para lidiar con situaciones que nos tientan a estar inquietos. Durante estos periodos de espera, pensamos en muchas cosas.

En qué pensamos puede inquietarnos más o ayudarnos a mantener la paz en medio de la tormenta. Cualquier cosa en la que pensemos determina cómo viviremos nuestra vida. Los pensamientos de felicidad producen una vida feliz, mientras que los pensamientos negativos causan que experimentemos la vida de maneras negativas. Pablo enumera siete cualidades de cosas en las que deberíamos pensar. Aunque hay otras, estas nos dan ciertamente un lugar estupendo para comenzar.

> *Cuando sea usted tentado a estar inquieto, hágase la pregunta: "¿Vale la pena renunciar a mi alegría por esto?".*
> Joel Osteen

1. Verdadero.

Si pensamos y hablamos sobre nuestras circunstancias, puede que estemos pensando y hablando acerca de los hechos en nuestra vida en el momento actual, pero Jesús promete que la verdad nos hará libres (Juan 8:32). La verdad es mayor que los hechos, y básicamente puede cambiarlos. Quizá tenemos un problema para el cual no tenemos respuesta, y ese es el hecho; pero la verdad es que Dios sí sabe la respuesta. Su verdad puede alterar los hechos de cualquier situación, y yo he visto suceder eso muchas veces. Él nos ama y nunca nos dejará indefensos. Él es nuestro Libertador, y Él es fiel. Recordemos lo que dice Juan 8:32: "Y conocerán la verdad, y la verdad los hará libres". Sigamos levantando la verdad de la Palabra de Dios y dejemos que obre contra cualquier hecho que no esté de acuerdo con ella.

2. Respetable.

La palabra *respetable* no se utiliza mucho en nuestra sociedad hoy día, pero es importante que entendamos esta palabra. La Nueva Traducción Viviente traduce la palabra como "honorable". Una definición sencilla que me gusta usar de la palabra griega para *respetable* cuando se refiere a una persona es "tener o mostrar buenas cualidades de personalidad y un elevado carácter moral". También podemos pensar en alguien que es respetable como alguien que es una persona excelente. Pensemos en cosas excelentes: lo que Dios ha hecho por nosotros, lo que podemos hacer por otras personas que tienen necesidad, maneras en que podemos extender el evangelio, cómo podemos vivir una vida que glorifique a Dios, y otras muchas. Hay muchas cosas respetables y honorables en las que meditar; por lo tanto, ¿por qué fijar nuestra mente en cosas bajas o negativas? Dios pone delante de nosotros la vida y la muerte, el bien y el mal, y nos insta a escoger la vida y las cosas buenas (Deuteronomio 30:19).

3. Justo.

Pensar en lo que es justo significa meditar en cosas que son rectas y ser equitativo, imparcial y sin prejuicios. Dios es justo. Él hace siempre lo que es correcto, y es imparcial. Cuando tengamos una situación que es injusta y dolorosa para nosotros, podemos confiar en que Dios hará justicia por nosotros. Él toma nuestras cenizas y nos da belleza a cambio (Isaías 61:3). ¡Dios toma las cosas malas y las convierte en cosas buenas! Deberíamos disfrutar de la justicia de Dios en nuestras vidas, y también deberíamos esforzarnos por ser justos en nuestros tratos con otras personas.

Mientras más pensemos en todo lo verdadero, respetable y justo, según el pasaje de la escritura de hoy, más paz y alegría experimentaremos.

Para pensar

1. ¿Está usted esperando una respuesta a la oración en este momento? ¿Es tentado a inquietarse? ¿Cómo le ayuda escoger pensamientos piadosos en este periodo?

2. ¿Cuáles son algunos ejemplos de pensamientos en los que puede pensar que son verdaderos, respetables y justos?

CAPÍTULO 36

Escoja pensamientos que conducen a la alegría, Parte 2

Filipenses 4:8-9

Por último, hermanos, consideren bien todo lo verdadero, todo lo respetable, todo lo justo, todo lo puro, todo lo amable, todo lo digno de admiración, en fin, todo lo que sea excelente o merezca elogio. Pongan en práctica lo que de mí han aprendido, recibido y oído, y lo que han visto en mí, y el Dios de paz estará con ustedes.

Ayer vimos la primera parte de Filipenses 4:8-9, y hoy veremos la última parte de este pasaje de la Escritura tan importante. Creo firmemente que estos dos versículos pueden cambiar el rumbo de la vida de una persona, porque todo lo que hacemos y decimos comienza con nuestros pensamientos. Si nuestros pensamientos están en consonancia con la Palabra de Dios, nuestra vida también estará en consonancia con su Palabra; y esa es la clave para la bendición y la alegría.

> Cuando escogemos reconocer a Dios en medio de nuestros problemas, abrimos la puerta para que Él comience a obrar en nuestra situación y para que regrese la alegría a nuestro corazón.
>
> Joyce Meyer

4. Puro.

La palabra griega que se utiliza aquí para *puro* significa "limpio". El mundo hoy día está lleno de impureza, y podemos ser tentados fácilmente a pensar pensamientos impuros. Tengamos pensamientos limpios, pensamientos que Jesús pensaría, en lugar de pensamientos que pensaría la carne o el mundo. Jesús dice que los puros de corazón son bienaventurados, porque ellos verán a Dios (Mateo 5:8). Yo creo que eso se refiere a la capacidad de quien es puro de corazón para oír claramente a Dios y ser más consciente de su presencia en su vidas diaria, al igual que para verlo a Él cara a cara cuando seamos llevados a nuestro hogar celestial.

5. Amable.

La palabra griega que se utiliza en Filipenses 4:8 para *amable* significa "agradable" y "adecuado". Nuestros pensamientos deberían ser adecuados según la Palabra de Dios y, cuando lo son, serán agradables a Dios y beneficiosos para nosotros. Uno de los mejores hábitos que podemos formar cuando nos ponemos de acuerdo con su Palabra es meditar regularmente en ella. Cuando meditamos en un versículos bíblico o en una verdad espiritual, no lo leemos simplemente y seguimos adelante; lo consideramos con atención y permitimos que se abra camino hasta nuestro corazón y se exprese en nuestra vida, de modo que viviremos en consonancia con la Palabra de Dios.

6. Admirable.

Cuando pensamos en personas que conocemos, deberíamos pensar en sus fortalezas y habilidades, en las cualidades que admiramos acerca de ellas. Pensemos en las características que les hacen ser buenos ejemplos para otros. Todo el mundo tiene debilidades en las que podemos decidir enfocarnos, pero también todo el mundo tiene fortalezas en las que podemos enfocarnos. La decisión nos corresponde a nosotros, pero si deseamos tener alegría, deberíamos enfocarnos siempre en cosas buenas.

7. Excelente y que merezca elogio.

Necesitamos pensar en asuntos que son buenos, excelentes y virtuosos. Deberíamos pensar en los mejores aspectos de

Dios y en las mejores cosas en nuestras vidas. Podemos pensar en todo el bien que Dios hace y en las personas que son bendiciones en nuestra vida. Podemos pensar positivamente y llenar nuestros pensamientos de esperanza. También podemos pensar en muchas cosas que merezcan elogio, lo cual significa simplemente cosas que nos dan motivos para alabar a Dios y darle gracias. Cualquier cosa en la que podamos pensar que nos motive a alabar y dar gracias a Dios, ¡es siempre bueno tenerlas en nuestra mente!

Permita que le recuerde que nuestros pensamientos se convierten en nuestras palabras, y nuestros pensamientos y palabras afectan nuestro estado de ánimo y nuestras actitudes. Nuestros pensamientos, palabras y emociones se juntan para influenciar nuestras acciones, de modo que podemos ver que, en muchos aspectos, nuestros pensamientos finalmente se convierten en nuestra vida. Quizá deberíamos preguntarnos si queremos aquello en lo que hemos estado pensando y, si no, hagamos un cambio para mejor.

Para pensar

1. Tome un momento para considerar una circunstancia específica en su vida. ¿Cómo podría pensar en ello de maneras que son puras, amables, admirables, excelentes, o que merecen elogio?

2. Permítame pedirle que vuelva a leer Filipenses 4:8-9 en su totalidad. ¿Cómo puede aumentar la alegría en su vida al pensar pensamientos que están de acuerdo con la Palabra de Dios, como los enumerados en el pasaje de hoy?

CAPÍTULO 37

Nada tiene valor fuera de Cristo

Filipenses 3:8-9

Es más, todo lo considero pérdida por razón del incomparable valor de conocer a Cristo Jesús, mi Señor. Por él lo he perdido todo, y lo tengo por estiércol, a fin de ganar a Cristo y encontrarme unido a él. No quiero mi propia justicia que procede de la ley, sino la que se obtiene mediante la fe en Cristo, la justicia que procede de Dios, basada en la fe.

Cuando Pablo fue iluminado por Cristo, consideró que todo lo que anteriormente había pensado que le haría justo delante de Dios era mera basura (estiércol) comparado con el privilegio de conocer a Jesús.

Las cosas en las que antes había puesto su esperanza parecían ahora sin valor. Imagine todo el tiempo y el esfuerzo que Pablo había realizado para ser conocido, admirado, vanidoso y seguro de sí mismo. Su reputación ante la gente había sido más importante para él que todo lo demás. Toda su dignidad y valor como hombre habían estado vinculados previamente a esos atributos y elogios. No obstante, cuando tuvo un encuentro con Jesús, todo eso cambió. Creo que muchos de nosotros podemos decir que, cuando tuvimos un encuentro con Jesús, todo cambió.

> Me deleito mucho en el Señor; me regocijo en mi Dios.
>
> Isaías 61:10

Pablo llegó al punto en que quería más que nada estar "en Cristo", sin ninguna justicia propia. Esto significaba que estar en paz con Dios llegaba solamente por conocer a Cristo y pertenecerle a Él. No importaba nada más.

Isaías nos dice que nuestra propia justicia es como trapos de inmundicia: "Todos somos como gente impura; todos nuestros actos de justicia son como trapos de inmundicia. Todos nos marchitamos como hojas; nuestras iniquidades nos arrastran como el viento" (Isaías 64:6).

Pablo nunca perdió su primer amor por Jesús, como les pasa a muchas personas. Él prosiguió con pasión para conocer a

Jesús y ser semejante a Él en todos sus caminos desde el día en que tuvo un encuentro con Jesús hasta el día en que murió.

Le aliento a que siga el ejemplo de Pablo y que se asegure de mantenerse fuerte en su fe. Guárdese contra permitir que lo que antes era un fuego que ardía con fuerza en su corazón para Dios se convierta en una pila de ascuas que apenas arden. Eso sucede cuando comenzamos a buscar otras cosas y permitimos que se vuelvan más importantes para nosotros que Jesús. Estamos ocupados y descubrimos que no tenemos tiempo para buscar a Dios por medio de su Palabra y la oración diariamente. Las personas pueden tener todas las cosas que el dinero puede comprar, y sin embargo perder todo lo que el dinero nunca puede comprar, como una relación profunda con Dios por medio de Cristo, la alegría de ayudar a otros, y buenas relaciones con familia y amistades. Las personas moribundas nunca piden ver su balance bancario; quieren a Dios, familia y amigos a su alrededor. Tristemente, si no pasamos tiempo construyendo esas relaciones mientras estamos vivos y con salud, no estarán disponibles cuando las queramos y las necesitemos.

Todos deberíamos tomar tiempo para examinar nuestra vida ocasionalmente y preguntarnos si estamos empleando nuestro tiempo en cosas duraderas, o si estamos empleando demasiado tiempo en cosas que no tienen verdadero significado. Podemos pasar toda la vida subiendo por la escalera del éxito solo para descubrir cuando llegamos a la cumbre que nuestra escalera está apoyada en el edificio equivocado. Cosechamos lo que sembramos (Gálatas 6:7); por lo tanto, si no sembramos tiempo y esfuerza en las cosas correctas, no podemos esperar tener buenos resultados. Sea sabio y haga ahora aquello con lo que estará feliz y satisfecho más adelante.

Al descubrir que podemos renunciar a todo nuestro esfuerzo propio y tener a Cristo y su justicia, en lugar de intentar ganarnos la justicia por nosotros mismos, se quita una carga y podemos comenzar a disfrutar de Dios y de la vida que Él nos ha dado. Las personas a menudo expresan la asombrosa alegría y paz que han tenido desde que recibieron esta revelación de parte de Dios.

Para pensar

1. ¿Qué ha cambiado en su vida desde que tuvo un encuentro con Jesús?
2. ¿Cómo puede comenzar a emplear más de su tiempo y energía en cosas que verdaderamente importan?

CAPÍTULO 38

Vivir por fe aumenta la alegría

Romanos 1:17

De hecho, en el evangelio se revela la justicia que pro-viene de Dios, la cual es por fe de principio a fin, tal como está escrito: «El justo vivirá por la fe».

En el versículo de hoy, Pablo se refiere a las palabras del profeta del Antiguo Testamento Habacuc, quien escribió: "el justo vivirá por su fe" (Habacuc 2:4, RVC). Cuando lea en la Escritura acerca de "el justo", puede aplicarlo personalmente si ha recibido a Jesús como su Señor y Salvador.

Los justos son quienes han sido justificados, o hechos justos ante Dios, mediante la muerte de Jesús en la cruz. Ser justificado significa que Dios nos trata como si no fuéramos pecadores y nunca lo hubiéramos sido. Nos trata como a sus hijos amados. Comenzamos una relación de amor, confianza y amistad. No tenemos por qué temer ni preocuparnos, porque no hay ningún castigo para nosotros. *Vivimos* por nuestra fe en que Jesús tomó sobre sí nuestro castigo, y disfrutamos la victoria que Él ganó para nosotros.

> La alegría es el negocio serio del cielo.
> C. S. Lewis, *Cartas a Malcolm*

La palabra *fe* significa creencia o confianza absoluta en que algo es verdad, pero también implica lealtad y compromiso. La fe comienza cuando estamos de acuerdo en que el mensaje de la muerte y resurrección de Jesús es verdad, y la fe verdadera se produce cuando decimos: "No solo estoy de acuerdo en que es verdad, sino que también estoy dispuesto a invertir mi vida en ello".

Para algunas personas, el hecho de que tienen fe en la victoria de Jesús en la cruz les hace pensar que no necesitan permanecer contra las artimañas de Satanás. Pero el enemigo trabaja contra todo el pueblo de Dios, y si no somos conscientes de sus operaciones contra nosotros, le permitiremos que pueda llevarlas a cabo. Cuando las personas no saben que tienen un enemigo y no se mantienen vigilantes contra él, tienden a escuchar las mentiras del diablo en lugar de enfocarse en todo lo que Dios ha hecho por ellos.

Una vez atravesé un tiempo especialmente difícil en el que no había ninguna alegría ni paz en mi vida. Entonces leí Romanos 15:13: "Que el Dios de la esperanza los llene de *toda alegría y paz* a ustedes que creen en él, para que rebosen de esperanza por el poder del Espíritu Santo" (énfasis de la autora).

Ese versículo fue clave para mi victoria. Entendí exactamente lo que yo estaba haciendo mal. Había perdido mi fe, esperanza, alegría y paz porque me había sumergido de cabeza en la duda y la incredulidad, permitiendo que el enemigo me atormentara con sus mentiras. Mientras más me mentía él, más batallaba yo para creer las promesas de Dios. Romanos 15:13 cambió mi pensamiento negativo y restauró mi fe cuando entendí cuán importante es creer. Recibí un entendimiento nuevo de que Jesús me ama tanto, que no solo perdonó mis pecados del pasado, sino que también miró adelante y me perdonó por esos momentos de debilidad cuando fracasaría en el futuro, esos momentos en los que no estaría a la altura de toda la verdad que conocía. Renové mi creencia en todo lo que Dios ha hecho por mí, y poco después regresaron mi esperanza, paz y alegría.

Entonces pensé en las palabras de Pablo en Romanos 1:17, el mismo versículo sobre el que estoy escribiendo hoy: "De hecho, en el evangelio se revela la justicia que proviene de Dios, la cual es por fe de principio a fin". Aprendí que no tengo que permitir que Satanás influencie mi mente con preguntas o incredulidad. Puedo vivir cada momento pasando de fe a más fe, a más fe, y usted también puede hacerlo.

Para pensar

1. ¿Reconoce verdaderamente que usted es justo en Cristo? Explíquelo.
2. ¿De qué maneras necesita renovar su fe en todo lo que Dios ha hecho por usted?

CAPÍTULO 39

Vivir la buena vida

Tito 2:13-14

Él [Jesucristo] se entregó por nosotros para rescatarnos de toda maldad y purificar para sí un pueblo elegido, dedicado a hacer el bien.

En el versículo de hoy, Pablo escribe que Jesús dio su vida para que pudiéramos ser personas que estemos comprometidos con vivir una buena vida y hacer cosas que beneficien a otros. He escrito en otro lugar de este libro acerca de hacer el bien por otros, de modo que hoy me gustaría enfocarme en la idea de vivir una buena vida, una vida llena de alegría y bendiciones.

Pablo deja claro que el motivo por el que podemos vivir una buena vida es que pertenecemos a Dios porque Jesús nos ha redimido y ha comprado nuestra libertad del pecado y del enemigo. En Juan 10:10, Jesús habla del tipo de vida que desea para nosotros, y la contrasta con la vida que el diablo quiere para nosotros. Él dice: "El ladrón no viene más que a robar, matar y destruir; yo he venido para que tengan vida, y la tengan en abundancia". El enemigo es el ladrón; quiere robar todo lo bueno que Dios quiere darnos, y causar que seamos apáticos o estemos deprimidos acerca de todas las bendiciones que son nuestras para disfrutarlas en Cristo.

Como pueblo de Dios, no debemos pasar nuestra vida con la cara mustia, desalentados y abatidos. Tampoco debemos pasar tanto tiempo pensando en todas nuestras faltas y fracasos que perdamos la esperanza y el entusiasmo por vivir una buena vida. No debemos vivir dudando del amor de Dios o cuestionando todo lo que Él ha hecho

> Mantenga sus pies secos, sus ojos abiertos, su corazón en paz, y su alma en la alegría de Cristo.
>
> Thomas Merton

por nosotros en Cristo, sino vivir en fe, gratitud y alegría debido a todas las bendiciones que Él nos ofrece.

Dios no recibe honra cuando tenemos malas actitudes hacia nosotros mismos. De hecho, creo que pensar o hablar negativamente de nosotros mismos es insultante para Él. Si usted amara y valorara a un grupo de personas tanto que estuviera dispuesto a sufrir horriblemente y morir por ellos para que pudieran disfrutar de su vida, ¿cómo se sentiría si ellos rechazaran su regalo? Espero que esta pregunta comunique el punto que intento establecer: Dios nos ama tanto, que hizo el mayor sacrificio imaginable para que pudiéramos ser libres y perdonados, y así poder vivir en paz y alegría. Le damos honor a Él cuando aceptamos ese regalo, pero lo deshonramos cuando lo rechazamos.

Pablo sabía que no era perfecto, pero en Filipenses 3:13 escribe que seguía adelante para "alcanzar aquello para lo cual Cristo Jesús me alcanzó a mí". Estaba hablando de la calidad de vida que Jesús quería que él tuviera porque pertenecía a Dios. Pablo sabía que no merecía una vida tan buena, pero por causa de Jesús estaba decidido a tenerla. Igualmente, nosotros no merecemos "la buena vida", pero Jesús murió para dárnosla, de modo que le honramos cuando la recibimos con entusiasmo y alegría.

Si usted batalla con actitudes negativas que le alejan de la buena vida que Dios quiere que viva, le insto a hacer un cambio hoy mismo. Escoja una nueva actitud hacia usted mismo, y decida enfocarse en cuánto Dios le ama y quiere bendecirle. Decida que disfrutará todo lo que hace y cada día que viva. Pablo tuvo que tomar esa decisión, yo tuve que tomarla, y usted también tendrá que tomarla si quiere vivir en la plenitud de lo que tiene a su disposición en Cristo.

Para pensar

1. ¿Por qué pertenecer a Dios le permite disfrutar de una buena vida?
2. ¿Qué actitudes necesita cambiar acerca de usted mismo a fin de disfrutar la buena vida que Jesús murió para darle?

CAPÍTULO 40

La alegría viene de la relación

Filipenses 3:10-11, PDT

Lo que quiero es conocer a Cristo y experimentar el poder de su resurrección. Quiero compartir con él sus sufrimientos. También quisiera ser como él en su muerte, y de alguna manera poder alcanzar la resurrección de los muertos.

Permita que hoy le pida que se detenga y sienta la profundidad del clamor del corazón de Pablo en el pasaje de la escritura de hoy. Él no estaba satisfecho con conocer meramente *acerca de* Jesús, o incluso conocerlo un poco; quería conocerlo profundamente y estrechamente. Esa meta, de hecho, era su propósito determinado, y es ahí donde encontramos alegría verdadera. Muchas personas saben acerca de Jesús o creen que Él existe, pero una calidad de vida mucho más abundante con Él está a nuestra disposición.

> *No busquemos la corriente, sino la fuente; no principalmente la alegría, sino esa unión real y viva con Jesús mediante la cual su alegría se convierte en la nuestra.*
>
> Frances Ridley Havergal

Lo que alimenta la intimidad con Dios es darle tiempo e incluirlo en cada área de nuestra vida. Pasar tiempo con personas y verlas en todo tipo de situaciones es la única forma de conocerlas verdaderamente. El mismo principio se aplica a nuestra relación con Dios. Parece que el apóstol Juan tenía una relación muy especial y muy cercana con Jesús. Se refirió a sí mismo como el discípulo a quien Jesús amaba (Juan 13:23; 19:26). Eso podría sonar un poco arrogante por su parte, pero no lo era. Juan simplemente amaba a Jesús y tenía una revelación real de cuánto lo amaba Jesús a él. Su meta, como la de Pablo, era cercanía con Jesús. Creo que cualquiera puede estar tan cerca de Dios como quiera estar. El nivel de cercanía e intimidad que una persona disfruta con Él depende simplemente de cuánto tiempo esté dispuesta a emplear para construir la relación.

El tiempo del que hablo no es una hora que pasamos sentados en una iglesia una vez por semana. Es incluir a Dios en todo
lo que hacemos. Él siempre está a un pensamiento de distancia, de modo que le aliento a pensar en Él a menudo, susurrarle
su gratitud por diferentes cosas a lo largo del día, y pedirle su
ayuda en todo, incluso en cosas aparentemente insignificantes.
Yo le pido al Señor que me ayude antes de intentar ponerme mis
lentes de contacto, antes de hacer ejercicio, o antes de comenzar cualquier proyecto por pequeño que sea. Lamento las veces
en las que tengo una actitud independiente y me paso el día
haciendo muchas tareas sin ni siquiera pedirle su ayuda. Quizá
usted diga: "Joyce, de todos modos hizo las cosas; entonces,
¿qué diferencia hay si no pidió ayuda a Dios?". Puede que yo
hiciera las cosas, pero ¿cuánto más alegremente, más fácilmente, y quizá más rápidamente podrían haberse hecho con la
ayuda de Dios?

Sin duda, yo no he perfeccionado esta disciplina espiritual.
Muchas veces hago lo que está en mi calendario tan ocupado,
y cuando termina el día, me doy cuenta de que no he pensado en el Señor en todo el día. No estoy sugiriendo que Dios
nunca nos ayudará a menos que le pidamos su ayuda en cada
tarea concreta que emprendemos, pero creo que le honramos
cuando lo hacemos, y hacerlo es una manera de mantenerlo a
Él en nuestros pensamientos y mantenernos conectados a Él.
Yo espero establecer la importancia de entender siempre cuánto
necesitamos la ayuda del Espíritu Santo en todo lo que hacemos. Esto no es una ley que debemos seguir, sino una fuente
de paz, alegría y vida; por lo tanto, ¿por qué no querríamos
aprovecharlo?

Para pensar

1. ¿Cómo puede conocer a Jesús más profundamente y más íntimamente?
2. Eche un vistazo a su horario. ¿Qué puede hacer a un lado para dar más espacio a Dios en su vida?

CAPÍTULO 41

Personas escogidas que reflejan la imagen de Cristo

Colosenses 3:12-13

Por lo tanto, como escogidos de Dios, santos y amados, revístanse de afecto entrañable y de bondad, humildad, amabilidad y paciencia, de modo que se toleren unos a otros y se perdonen si alguno tiene queja contra otro. Así como el Señor los perdonó, perdonen también ustedes.

Colosenses 3:12-13 nos ofrece varias razones concretas y maneras de estar alegres, además de algunas formas de extender la alegría a otros. Veamos individualmente cada aspecto del pasaje de la escritura de hoy.

En primer lugar, Pablo dice que somos "escogidos de Dios, santos y amados". Ser llamados *santos* o *escogidos* es parecido a ser llamados consagrados, lo cual significa ser apartados para los propósitos de Dios. Por lo tanto, Pablo apela aquí al pueblo de Dios apartado, que incluye a todo aquel que ha recibido a Jesús como Señor y Salvador.

> *La alegría del hipócrita dura solo un momento, pero la alegría de quienes permanecen en el amor de Cristo es una fiesta continua.*
>
> Matthew Henry,
> *Comentario completo*
> (Juan 15:11)

Pablo también nos recuerda que Dios nos ama profundamente y más de lo que podamos imaginar. No sé de una causa mayor de alegría que el hecho de que Dios mismo nos ama a cada uno personalmente y nos acepta totalmente, tal como somos. Cuando somos tentados a dudar del amor de Dios, no tenemos que mirar más allá de la cruz, donde Él envió a su único Hijo a ser castigado, a morir en nuestro lugar, y a perdonar nuestros pecados, haciendo posible que vivamos teniendo una relación con Él cercana y personal.

Pienso en la siguiente parte de este pasaje en términos de nuestro "vestido espiritual". Anteriormente a estos versículos, Pablo menciona ponernos "el nuevo hombre" (ver Colosenses 3:10), y Colosenses 3:12-13 describe a personas que manifiestan el nuevo hombre. Hablando en general, ponernos nuestro vestido espiritual significa sencillamente enfocar cada día con una actitud que dice: "Dios, no quiero tener ningún problema hoy. Espero que todo salga como quiero, pero la experiencia me ha enseñado que eso no siempre sucede. En ese caso, ayúdame a soportar cualquier cosa que salga a mi camino con una buena actitud y sin perder la alegría que tú me has dado. Y ayúdame a ser bueno, amable y paciente hacia todo aquel que me encuentre". Estos versículos nos alientan a ser semejantes a Jesús en nuestra conducta. Jesús nunca permitió que las dificultades o situaciones inesperadas hicieran que perdiera su paz o su alegría, y como su Espíritu vive en nosotros, podemos seguir su ejemplo.

El vestido espiritual que podemos escoger ponernos incluye "compasión, bondad, humildad, amabilidad y paciencia". Bondad, amabilidad y paciencia se mencionan como fruto del Espíritu Santo, junto con amor, alegría, paz, bondad, fidelidad y dominio propio (Gálatas 5:22-23). Jesús demostró bondad, amabilidad y paciencia, junto con humildad y compasión, durante su ministerio. Con frecuencia leemos en los Evangelios que Él tenía compasión por individuos y grupos de personas, y les mostró bondad (ver Mateo 9:26, 14:14, 20:34; Lucas 7:13). Filipenses 2:5-8 caracteriza su humildad, y Pablo apeló a los corintios "por la ternura y la bondad de Cristo" (2 Corintios 10:1). También leemos sobre su paciencia cuando Pablo escribe: "Pero precisamente por eso Dios fue misericordioso conmigo, a fin de que en mí, el peor de los pecadores, pudiera Cristo Jesús mostrar su infinita bondad. Así llego a servir de ejemplo para los que, creyendo en él, recibirán la vida eterna" (1 Timoteo 1:16).

Finalmente, Pablo escribe en el pasaje de hoy que hemos de

tolerarnos unos a otros y perdonarnos si alguno tiene quejas, recordándonos que Dios nos ha perdonado. Su perdón cubre todo nuestro pecado: pasado, presente y futuro. Como Él nos ha perdonado, podemos escoger perdonar a otros. El perdón no es un sentimiento, sino una decisión; una decisión que conduce a la libertad y la alegría. Igual que decidimos ponernos nuestra ropa natural cada día, podemos decidir ponernos nuestra ropa espiritual, que incluye perdonar a otros porque nosotros hemos sido perdonados.

Para pensar

1. ¿Qué aspectos concretos de su ropa espiritual necesita ponerse más y demostrar en su vida diaria en este momento?
2. ¿A quién necesita decidir perdonar hoy? ¿Tomará esa decisión?

CAPÍTULO 42

Una señal de madurez espiritual

Filipenses 3:15-16, NTV

Que todos los que son espiritualmente maduros estén de acuerdo en estas cosas. Si ustedes difieren en algún punto, estoy seguro de que Dios se lo hará entender; pero debemos aferrarnos al avance que ya hemos logrado.

Las personas que viven bajo el peso de la culpa y la vergüenza raras veces experimentan verdadera alegría, porque la alegría se encuentra en la libertad, y la culpa y la vergüenza son formas de esclavitud. Las personas se sienten culpables o avergonzadas por todo tipo de motivos, a menudo porque no han aprendido a perdonarse a sí mismas (recibir el perdón de Dios). Cuando Jesús murió para perdonar nuestros pecados, su sacrificio cubrió no solo las maneras en que pecamos contra Dios y contra otras personas, sino también las cosas que nos hacemos a nosotros mismos.

En el pasaje de la escritura de hoy, Pablo hace una declaración importante que me ha ayudado tremendamente cuando obtuve libertad de la culpa y la vergüenza, y quisiera asegurarme de que usted no pase por alto el poder que tiene. Él dice: "Que todos los que son espiritualmente maduros estén de acuerdo en estas cosas" (Filipenses 3:15). Y pasó a indicar que, si pasamos por alto algo que necesitamos ver, entonces Dios nos lo hará entender. Mientras tanto, debemos vivir en la verdad que ya hemos entendido y seguir creciendo.

> *Un corazón alegre es la mejor medicina; un ánimo triste deprime a todo el cuerpo.*
>
> Proverbios 17:22, RVC

¿Por qué es tan importante esto? Pablo nos está ayudando a entender que vivir bajo la culpa cuando nos hemos arrepentido y recibido perdón es la etapa de bebé del cristianismo. Solo quienes son espiritualmente maduros creerán la Palabra de Dios más de lo que creen en sus sentimientos o incluso en lo que piensan. Algunas personas creen que menospreciarse y reprenderse a sí mismos por su pecado es, en cierto modo, una cualidad espiritual positiva, pero ese tipo de pensamiento no está de acuerdo con la Escritura.

Conocí una vez a una mujer que amaba mucho a Dios. Le habían enseñado que sufrir por su pecado era agradable a Dios, de modo que ella a menudo llevaba un pedazo de lana áspera debajo de su ropa, tocando su piel, y era muy incómodo, sin duda. Ella razonaba que la sensación irritante de la lana contra su piel le recordaría lo mala que ella era. Esta teología se la enseñaron en la iglesia a la que asistía, y no es de ninguna manera consistente con la Palabra de Dios. Jesús sufrió y pagó por nuestros pecados, e hizo una tarea completa y perfecta. Él no necesita que añadamos nada, ni siquiera nuestra carga de culpa.

¿Acaso no es la culpa un intento de pagar por nuestros pecados? ¡Así es! ¿Podemos pagar por nuestros pecados haciéndonos miserables a nosotros mismos y negándonos a disfrutar de la vida? ¡No! No podemos pagar una deuda que ya ha sido pagada. Piénselo: si usted tuviera una factura de la tarjeta de crédito a final de mes y alguien la pagara por completo en su nombre, usted no intentaría pagar más, ni volver a pagarla, ¿no es cierto? De modo similar, creo que intentar pagar por nuestros pecados cuando Jesús ya los ha pagado causa deshonra a su sacrificio.

En el versículo que precede al pasaje de hoy, Pablo escribe que *sigue avanzando* (Filipenses 3:14). Creo que podemos suponer que el diablo intentó retenerlo en el recuerdo de sus errores del pasado, igual que hace con nosotros. Por fortuna, podemos resistir al diablo y él huirá (Santiago 4:7). Vivir la vida cristiana victoriosa requiere a menudo seguir avanzando al decidir seguir adelante más allá de la culpa, la vergüenza y la condenación.

Quizá requiera de nosotros que enfrentemos diversas pruebas que nos hacen sentir incómodos, pruebas que Dios permite en nuestra vida para ayudar a fortalecernos. Pero, a medida que mantenemos la mirada hacia delante y avanzamos hacia el premio que Dios quiere para nosotros, nos demostraremos a nosotros mismos que somos "más que vencedores" (Romanos 8:37).

Para pensar

1. ¿Cómo puede comenzar a creer y vivir según la Palabra de Dios más de lo que cree y vive según sus pensamientos y sentimientos?

2. ¿En qué situación concreta necesita avanzar y decidir proseguir más allá de la culpa y la vergüenza?

CAPÍTULO 43

Deleite en la fe

Colosenses 2:1-5

Quiero que sepan qué gran lucha sostengo por el bien de ustedes y de los que están en Laodicea, y de tantos que no me conocen personalmente. Quiero que lo sepan para que cobren ánimo, permanezcan unidos por amor, y tengan toda la riqueza que proviene de la convicción y del entendimiento. Así conocerán el misterio de Dios, es decir, a Cristo, en quien están escondidos todos los tesoros de la sabiduría y del conocimiento. Les digo esto para que nadie los engañe con argumentos capciosos. Aunque estoy físicamente ausente, los acompaño en espíritu, y me alegro al ver su buen orden y la firmeza de su fe en Cristo.

El pasaje de la escritura de hoy comunica el gran amor e interés de Pablo por los creyentes en la iglesia primitiva, y su compromiso con su desarrollo espiritual. Él escribió durante un tiempo en el que la falsa enseñanza, que él denomina "argumentos capciosos" (o ingeniosos, NTV), era desenfrenada en Colosas. Esta filosofía amenazaba a la iglesia en Colosas, y aparentemente se había difundido hasta la ciudad cercana de Laodicea.

Observemos la intensidad de la emoción de Pablo en este pasaje. Dice que sostiene una "gran lucha" por quienes leerían su carta. En otras palabras, estaba luchando fervientemente por ellos, orando por ellos, y esforzándose por enseñarles todo lo que podía acerca de Cristo. Él entendía la gravedad de que falsos maestros hubieran buscado causar que los primeros creyentes se alejaran de su fe, y no permitiría que lo hicieran sin hacer su mejor esfuerzo por mantenerlos cerca de las verdades del cristianismo.

Esta no era la primera vez que Pablo había lidiado con la falsa enseñanza. Aproximadamente cinco años antes de escribir a los colosenses sobre este asunto, había escrito a los corintios

> *Si somos salvos solo por gracia, esta salvación es una fuente constante de deleite maravilloso. Nada es rutinario o prosaico acerca de nuestras vidas. Es un milagro que seamos cristianos, y el evangelio, que crea valiente humildad, debería darnos una sensación mucho más profunda de humor y alegría. No nos tomamos demasiado en serio a nosotros mismos, y estamos llenos de esperanza para el mundo.*
>
> Tim Keller

al respecto, diciendo: "Pero me temo que, así como la serpiente con su astucia engañó a Eva, los pensamientos de ustedes sean desviados de un compromiso puro y sincero con Cristo" (2 Corintios 11:3). Otras traducciones, como la Reina Valera Contemporánea, hablan de la "sincera fidelidad" a Cristo.

Pablo sabía cuán peligrosa y engañosa es la falsa enseñanza y, obviamente, estaba profundamente entristecido por el hecho de que estuviera influenciando a los primeros creyentes. En el pasaje de hoy, Pablo alienta a sus lectores de varias maneras. Para parafrasear sus enseñanzas, dice que sigamos aprendiendo, que continuemos caminando cada vez más cerca de Dios, que sepamos quiénes somos en Cristo y lo que nos pertenece en Él, y no seamos engañados por filosofías o teorías intelectuales. Todo eso es importante para nuestra madurez espiritual. Afirma claramente que su meta para sus lectores es que "cobren ánimo, permanezcan unidos por amor", de modo que pudieran conocer y entender a Cristo completamente. Mientras mejor conocieran a Cristo y más cerca de Él caminaran, más fuertes podrían mantenerse contra las falsas enseñanzas. Lo mismo es cierto para nosotros hoy.

Pablo pasó años ministrando y escribiendo para que las personas pudieran entender plenamente quién es Jesús. Quería que tuvieran hambre de seguir aprendiendo cada vez más, igual que él. No se me ocurre una meta más digna para cualquiera de nosotros que la de tener un conocimiento y una comprensión profundos y personales de nuestro Señor y Salvador Jesucristo, no solo conocer acerca de Él sino conocerlo a Él. El engaño estaba descontrolado en la época de Pablo, pero es incluso más intenso en estos tiempos, y tenemos que estar siempre preparados para encararlo con la verdad de la Palabra de Dios.

Espero que preste atención especial a la última frase del

pasaje de hoy. Pablo dice que, aunque estaba físicamente ausente de ellos, "los acompaño en espíritu, y me alegro al ver su buen orden y la firmeza de su fe en Cristo". Mencioné en la introducción a este libro que la alegría puede variar desde la alegría extrema, al deleite calmado. Pablo encontró deleite y alegría en la fe firme de los creyentes colosenses. Usted y yo también podemos encontrar alegría en nuestra fe. Mientras mejor conozcamos a Cristo, más fuerte será nuestra fe, y mayor será nuestra alegría.

Para pensar

1. ¿A qué tipo de falsas enseñanzas está usted expuesto en el mundo hoy, y cómo puede estar firme contra ellas?
2. ¿Por qué es cierta la frase "Mientras mejor conozcamos a Cristo, más fuerte será nuestra fe, y mayor será nuestra alegría", y qué significa para usted personalmente?

CAPÍTULO 44

Disfrute la libertad que Dios le ha dado

Romanos 6:18

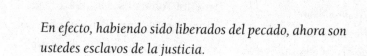

En efecto, habiendo sido liberados del pecado, ahora son ustedes esclavos de la justicia.

El versículo de hoy afirma que quienes son cristianos han sido liberados del pecado y del legalismo que nos hace enfocarnos excesivamente en evitar el pecado en lugar de recibir la gracia que Dios nos ofrece como hijos suyos. La realidad de nuestra libertad en Cristo debería darnos una gran alegría.

Como hijos de Dios, deberíamos experimentar la libertad gloriosa que Jesús murió para darnos, libertad para disfrutar todo lo que Dios nos ha dado por medio de su Hijo. Pero Satanás intenta robarnos ese disfrute de la vida. Según Juan 10:10, él obra solo para "robar, matar y destruir", y también nos acusa, nos condena, y se esfuerza por hacernos sentir inseguros porque sabe que no podemos disfrutar la vida y simultáneamente tener sentimientos negativos sobre nosotros mismos. Gracias a Dios que podemos salir de esa trampa y comenzar a disfrutar nuestra libertad comprada con sangre.

> *Dios no solo quiere que simplemente estemos vivos, sino que disfrutemos de estar vivos. Quiere que vivamos la vida con alegría, ¡una alegría abundante y rebosante!*
> Joyce Meyer

Como pertenecemos a Dios y estamos en Cristo, realmente tenemos derecho a ser libres y disfrutar de nuestra libertad. Jesús habla de este derecho a ser libres en Juan 8:31-32: "Si se mantienen fieles a mis enseñanzas, serán realmente mis discípulos; y conocerán la verdad, y la verdad los hará libres". Y Juan 8:36 declara que "si el Hijo los libera, serán ustedes verdaderamente libres".

El versículo de hoy también menciona ser esclavos

(sirvientes) de la justicia. Ser un sirviente de la justicia no es legalista; es liberador. Permita que le pregunte: ¿está disfrutando de libertad espiritual en Jesús, o está sacrificando su alegría porque está atrapado en la mentalidad legalista y rígida de creer que tiene que agradar a Dios en sus propias fuerzas, castigándose por su pecado, o cumpliendo ciertas normas para tener una relación con Dios? Si vive una vida inflexible, no tendrá una vida que disfruta. Sé eso por experiencia propia. Llegó el momento en que enfrenté el hecho de que yo era legalista y rígida en mi vida, y aunque entender esta verdad fue duro para mí emocionalmente, Dios lo utilizó para hacerme libre.

Jesús vino para que pudiéramos tener vida y disfrutarla al máximo, hasta rebosar (ver Juan 10:10). Seguir un estilo de vida legalista nos conducirá a las obras: esfuerzos inútiles que nos hacen batallar y vivir con frustración. Recuerde que no hay esclavitud ni carga en Dios. Sus normas (sus maneras de que hagamos las cosas) son satisfactorias y liberadoras. ¡Jesús vino para hacernos libres!

Sentirnos culpables y condenados la mayor parte del tiempo no es libertad. Estar en una angustia mental y emocional no es libertad. Estar tristes y deprimidos no es libertad.

¿Ha llegado usted al punto en el que está cansado de intentar tener el control de todo? ¿Está dispuesto a darse por vencido y pedir a Dios que le ayude? En ese caso, haga esta oración: "Señor, estoy cansado de ser legalista y complicado. Quiero tener paz y disfrutar mi vida. Por lo tanto, Señor, dame el deseo de hacer lo que es correcto ante tus ojos. Si tú no haces lo que hay que hacer, entonces no se hará. Me rindo por completo, y pongo en ti mi confianza".

Le aliento a que deje a un lado el pecado, junto con las limitaciones y la derrota del legalismo. Haga todo lo posible, comenzando desde ahora mismo, para experimentar la alegría de la libertad que Dios pone a su disposición en Jesucristo.

Para pensar

1. Con sus propias palabras, describa la alegría que siente porque ha sido liberado del pecado.
2. ¿De qué maneras necesita abandonar el legalismo o las normas inflexibles a fin de disfrutar la libertad que Dios le ha dado en Cristo?

CAPÍTULO 45

No se canse de hacer el bien

2 Tesalonicenses 3:13

Ustedes, hermanos, no se cansen de hacer el bien.

Si alguna vez se encuentra bajo de alegría y quiere que aumente, pruebe a hacer algo bueno. Cuando hacemos el bien, hacemos felices a otros y eso nos da alegría a su vez. Podemos obtener un entendimiento más pleno del versículo de la escritura de hoy leyéndolo en la Nueva Traducción Viviente, al enseñarnos que "nunca se cansen de hacer el bien". Nos enseña que hacer el bien ocasionalmente o durante un breve periodo de tiempo no producirá las victorias que necesitamos cuando nos resulte necesario perseverar en diversas situaciones de la vida. Pablo nos exhorta a *continuar* haciendo lo correcto sin perder el ánimo, lo cual significa hacerlo sin cansarnos, frustrarnos o desalentarnos. Debemos hacerlo una y otra vez, y cuando nos sintamos cansados, deberíamos acudir a Dios, pedir su ayuda, y esperar en que Él nos dé nuevas fuerzas. Entonces podemos recibir su gracia, la cual nos capacita para atravesar retos y llevar a cabo su voluntad.

Hacer el bien cuando parece que no obtenemos buenos resultados es difícil, pero debemos hacerlo. Piénselo de este modo: cuando los agricultores plantan semillas en la tierra, deben esperar con paciencia hasta que las semillas finalmente germinan y producen la cosecha. Es un proceso que requiere tiempo y esfuerzo. Si los agricultores se dan por vencidos y dejan de ocuparse del cultivo, se perderán la alegría de la cosecha: el buen fruto de su trabajo y perseverancia.

> *La alegría de Jesús era la rendición y el autosacrificio de sí mismo a su Padre, la alegría de hacer aquello que el Padre lo envió a hacer.*
>
> Oswald Chambers, *En pos de lo supremo*

Una de las tácticas favoritas de Satanás, y que utiliza con frecuencia contra nosotros a medida que avanzamos en Dios, es intentar lograr que nos demos por vencidos. Él sabe que, si abandonamos, no solo no completaremos las tareas que Dios nos ha dado, sino que también podemos sentirnos avergonzados o frustrados con nosotros mismos por no perseverar. Sin embargo, Dios nos enseña a resistir, persistir, continuar y terminar (Gálatas 6:9; Hebreos 12:1). Nos enseña a ser pacientes, determinados y firmes (Gálatas 5:22; Salmos 37:7; Romanos 8:25).

La experiencia me ha enseñado que con frecuencia tengo que tratar bien a otras personas por un largo tiempo antes de que ellas comiencen a tratarme del mismo modo. Tengo que hacer lo correcto con una buena actitud, algunas veces mucho antes de comenzar a obtener resultados. Tengo que seguir haciendo el bien antes de obtener bien a cambio. Igual que una semilla natural finalmente echa raíces y comienza a verse un brote en la tierra, también nosotros veremos victoria si seguimos haciendo el bien, independientemente de lo que hagan los demás.

Las personas frecuentemente se dan por vencidas con demasiada facilidad. Se permiten ser guiadas por sus emociones, lo cual quiere decir que, cuando sienten que quieren abandonar algo o a alguien, simplemente dejan de hacer cualquier esfuerzo. Muchas veces, las personas se dan por vencidas justamente antes de poder haber experimentado victoria, y se pierden las alegrías que podrían haber conocido. He aprendido que puedo sentirme mal y aun así decidir hacer el bien. Una señal de madurez espiritual es la capacidad de vivir por encima de nuestros sentimientos. Las personas que son espiritualmente maduras viven por decisiones que toman basándose en la Palabra de Dios, y no por lo que sienten. Cuando avanzamos hasta esta etapa de crecimiento, estamos en el camino hacia una cosecha maravillosa que nos dejará asombrados.

Quisiera alentarle en este día: no se dé por vencido. Persevere en las dificultades, y sea paciente. Siga confiando en Dios, ¡y continúe perseverando!

Para pensar

1. ¿Qué situación está enfrentando en este momento que requiere perseverancia?

2. ¿Cómo puede seguir haciendo el bien en esa situación, de modo que usted y otros encuentren finalmente alegría en medio de ella?

CAPÍTULO 46

Concentre su atención en la alegría

Colosenses 3:2

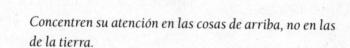

Concentren su atención en las cosas de arriba, no en las de la tierra.

Necesitamos concentrar nuestra atención donde queremos que esté nuestra vida, porque nuestra vida sigue a nuestros pensamientos (Proverbios 23:7). Una mente determinada es muy poderosa. Aquello en lo que pensamos determina la calidad de nuestra vida. Cuando tenemos pensamientos alegres, vivimos una vida alegre.

La versión *Amplified Bible* (en inglés) lo expresa así: "Concentren su atención y *manténganla* en las cosas de arriba" (traducción libre; énfasis de la autora). Concentrar nuestra mente en lo correcto una o dos veces no nos hará mucho bien, pero si la mantenemos fija en la dirección correcta, sin titubear, viviremos con fortaleza y victoria.

> Quiero retarle hoy a comenzar a dar a Dios las cosas que están en su mente y le preocupan. Pídale la gracia para confiar en Él en las cosas que usted no puede cambiar. A medida que suelte la preocupación, experimentará cada vez más su alegría.
>
> Joyce Meyer

Cuando Pablo nos insta a concentrar nuestra mente y mantenerla en "las cosas de arriba", se refiere a que, si queremos vivir una vida elevada, una vida que honre a Dios, no podemos pensar en cosas que son bajas, comunes o impías. Los pensamientos bajos incluyen pensar en lo que no tenemos en lugar de pensar en lo que tenemos, y también pensar en personas que tienen cosas que a nosotros nos gustaría y decir que ellos no se las merecen. Celos, orgullo, enojo, comparación y juicio son cosas bajas, y también guardar rencor contra las personas en lugar de perdonarlas. Enfocarnos en nuestras faltas en lugar de nuestras fortalezas es bajo, y también lo es revolcarnos en la autocompasión y sentirnos condenados por nuestros errores del pasado.

El pensamiento elevado es lo contrario al pensamiento bajo. Cuando nuestros pensamientos se concentran en las cosas de arriba, damos gracias a Dios por cada bendición que tenemos en lugar de quejarnos por lo que no tenemos. Nos alegramos con otros por sus éxitos en lugar de ser envidiosos. Alentamos a las personas que persiguen lo que a nosotros nos gustaría hacer o lo que nos gustaría tener, en lugar de esperar secretamente que no lo consigan. Escogemos la paz por encima del enojo, la humildad por encima del orgullo, la misericordia en lugar del juicio, y el perdón en lugar de la falta de perdón. Oramos en lugar de preocuparnos; confiamos en Dios en cada situación en lugar de ocuparnos nosotros mismos de las cosas; nos mantenemos firmes en la fe en que Dios tiene un futuro brillante para nosotros en lugar de sentirnos culpables por nuestro pasado. Pensamos lo mejor, no lo peor, acerca de todo el mundo. Como puede ver, los pensamientos elevados conducen a la alegría. Hay muchas otras maneras de pensar pensamientos elevados, y creo que estos ejemplos nos ayudarán a saber cómo hacer eso.

Una vez que ha concentrado su mente en algo, es importante mantenerla ahí y no dudar de usted mismo o tener doble ánimo. Así es como derrotamos al diablo en el campo de batalla de la mente. El apóstol Santiago dice: "quien duda es como las olas del mar, agitadas y llevadas de un lado a otro por el viento... es indeciso e inconstante en todo lo que hace" (Santiago 1:6, 8). Cuando haya explorado sus opciones, haya orado, buscado la voluntad de Dios y tomado una decisión acerca de un asunto, puede concentrar su mente firmemente en ese rumbo de acción. Tiene que llegar al punto en el que sepa que lo que planea hacer es lo correcto, y decir: "la decisión está tomada. Con la ayuda de Dios, esto es lo que voy a hacer, y producirá buenos resultados en mi vida". Cuando usted tiene una mente decidida y es una persona nacida de nuevo con el Espíritu Santo para ayudarle, no hay nada que no pueda hacer en Cristo. Quizá no tenga la victoria de la noche a la mañana, pero finalmente la tendrá si no se da por vencido.

Para pensar

1. ¿En qué áreas de su vida necesita concentrar su mente hacia la alegría y mantenerla ahí?
2. Cuando comience a perder la alegría, ¿qué pensamientos concretos puede pensar a fin de recuperarla?

CAPÍTULO 47

Arraigados profundamente en el amor de Dios

Efesios 3:17-19

Y pido que, arraigados y cimentados en amor, puedan comprender, junto con todos los santos, cuán ancho y largo, alto y profundo es el amor de Cristo; en fin, que conozcan ese amor que sobrepasa nuestro conocimiento, para que sean llenos de la plenitud de Dios.

¿Sabe que puede experimentar el amor de Dios de manera poderosa y personal, e incluso llegar a estar profundamente "arraigado y cimentado" en él? Cuando eso sucede, le hace estar seguro, igual que un árbol con raíces profundas es firme, estable y fuerte, incluso durante las tormentas más feroces. Mientras más profundas son las raíces del árbol, más difícil será que las tormentas lo desarraiguen y lo destruyan. El mismo principio se aplica a nuestra vida con Dios.

Una de las mejores maneras que conozco de poder estar profundamente arraigados en el amor de Dios es meditar en él frecuentemente y aprender a buscar señales de ese amor cada día. A medida que seamos más conscientes del amor de Dios en todo momento, lo reconoceremos con más facilidad y más frecuencia. Cuando lo veamos, nuestra alegría aumentará al recordar que Dios nos ama más de lo que podemos imaginar y que Él siempre está cerca y activo en nuestra vida.

En Romanos 8:35, 38-39, Pablo alienta a sus lectores a no permitir que nada los separe del amor de Dios que se encuentra en Cristo Jesús: ni tribulación, angustia, persecución o hambre, ni ninguna otra cosa. Cuando tengamos problemas, eso debería llevarnos a buscar a Dios más profundamente, y no alejarnos de Él. Él no es la fuente de nuestros problemas; Él es la respuesta a todos ellos. La Palabra de Dios no nos garantiza una vida sin pruebas y decepciones, pero sí nos asegura su amor y garantiza que nunca estaremos

> *Donde hay amor, hay alegría.*
> Madre Teresa de Calcuta

solos. Nuestro peor día con Jesús será mejor de lo que era nuestro mejor día sin Él.

Pablo no quiere que solamente sepamos acerca del amor de Dios, sino que también tengamos experiencia personal con su amor, porque los encuentros con su amor son mucho mejores que el mero conocimiento. Conocer el amor de Dios de este modo práctico y personal nos hace ser valientes en la oración, y ver respuestas a nuestras oraciones nos ayuda a conocer incluso más profundamente el amor de Dios, grande e interminable. Nunca hay un solo momento en nuestra vida en el que Dios no nos ame. Él revela su amor de muchas maneras pero, tristemente, quizá no somos conscientes de ello, o todavía peor, tal vez nos hemos acostumbrado tanto a las muchas cosas que Dios hace por nosotros, que comenzamos a darlas por sentadas.

Mediante su gracia, Dios siempre provee todo lo que necesitamos, y nunca nos pide que hagamos por otra persona lo que Él no ha hecho antes por nosotros. Él nos da misericordia y nos dice que la demos también a otros, nos perdona y nos pide que perdonemos; Él es bueno y nos pide que nosotros también lo seamos. Nos ama incondicionalmente y nos pide que amemos de ese mismo modo. Recuerde siempre que, mientras más tiempo pase recibiendo y permaneciendo en el amor de Dios, más capaz será de dejar que fluya por medio de usted a otras personas.

Saber que Dios nos ama nos da alegría, y también nos llena de confianza y valentía, permitiéndonos orar sin temor. Dios quiere hacer más por nosotros de lo que podemos pedir o imaginar (Efesios 3:20). Mientras más hace Dios por nosotros, más capaces somos de hacerlo también por otros. No estoy hablando solamente de cosas materiales que pedimos, sino también de cualidades como la paz y la alegría. Mientras más paz recibimos de Dios, más paz podemos llevar a cada situación que encontremos. De manera similar, mientras más alegría tengamos en nuestro corazón, más tendremos para compartir con otros.

Para pensar

1. ¿Batalla usted para saber consistentemente que Dios le ama sin importar cómo sean sus circunstancias? Explíquelo.

2. ¿Ha experimentado el amor de Dios, y ve señales de su amor en su vida diaria? ¿Cuáles son?

CAPÍTULO 48

La alegría de vivir en el presente

Filipenses 3:12-14

No es que ya lo haya conseguido todo, o que ya sea perfecto. Sin embargo, sigo adelante esperando alcanzar aquello para lo cual Cristo Jesús me alcanzó a mí. Hermanos, no pienso que yo mismo lo haya logrado ya. Más bien, una cosa hago: olvidando lo que queda atrás y esforzándome por alcanzar lo que está delante, sigo avanzando hacia la meta para ganar el premio que Dios ofrece mediante su llamamiento celestial en Cristo Jesús.

No vemos la palabra *alegría* en el pasaje de la escritura de hoy, pero cuando lo leemos, podemos sentir la alegría que sentía Pablo por conocer a Cristo. Él quiere dejar claro para sus lectores que todavía no ha alcanzado su meta y que sigue avanzando hacia todo lo que Dios tiene para él. Aunque compartir nuestras victorias con otros puede ser beneficioso, también es bueno compartir nuestros viajes, admitiendo que todavía no estamos donde esperamos estar al final. Nuestras historias de victoria llegan después de que nuestros viajes estén completos, pero compartir solamente nuestras victorias sin ser sinceros acerca de los retos, las dificultades y el dolor del viaje, no ayuda a las personas que sufren. De hecho, puede que las confunda y les haga preguntarse por qué otros siempre parecen disfrutar de victoria mientras ellos siguen estando en un lugar difícil con circunstancias difíciles.

Si tenemos temor a ser vulnerables, a menudo fingiremos que todo es maravilloso cuando, en realidad, estamos batallando y sufriendo. Pablo no hizo eso. Él compartió muchas victorias, pero no excluyó sus debilidades y luchas de sus escritos.

Una de las claves de la alegría de Pablo era que tenía la capacidad de dejar atrás el pasado. Pablo afirma que una de sus metas es olvidar el pasado y proseguir hacia la plenitud de la voluntad de Dios. Pablo sabía que no podía hacer progreso hoy si se aferraba a los errores del pasado. Esta es una verdad muy poderosa, y es importante que

> *La alegría no nos sucede simplemente. Tenemos que escoger la alegría y seguir escogiéndola cada día.*
>
> Henri Nouwen

la entendamos. El presente tiene posibilidades para quienes lo aceptan y buscan sinceramente lo que pueda tener para ellos. El día de hoy es muy importante porque, cuando se haya ido, nunca podremos volver a recuperarlo. No lo desperdicie preocupándose acerca de los errores del pasado.

Ser capaces de soltar el pasado y aceptar plenamente el presente a la vez que miramos hacia el futuro es una manera garantizada de aumentar la alegría en nuestra vida. Si le preguntaran a usted cuál había sido el día más importante en su vida, ¿qué diría? Algunos podrían decir que fue el día en que se casaron, se graduaron de la universidad, o tuvieron su primer hijo. Aunque todas ellas son ocasiones maravillosas, ninguna de esas respuestas sería correcta, porque el día más importante en cualquiera de nuestras vidas es el presente. Muchos días importantes tienen recuerdos que atesoramos, pero nada se compara con la importancia del presente, porque el día de hoy importa más de lo que quizá entendamos.

Isaías, el profeta del Antiguo Testamento, habla en nombre de Dios cuando nos dice: "Olviden las cosas de antaño; ya no vivan en el pasado. ¡Voy a hacer algo nuevo! Ya está sucediendo, ¿no se dan cuenta?" (Isaías 43:18-19).

Si no soltamos el pasado, nos perderemos las cosas nuevas que Dios está haciendo en nuestra vida. Otro modo de decirlo es que, si no soltamos el ayer, no podremos agarrar el hoy. Pablo sabía que eso es verdad. Si alguien tenía motivos para lamentar el pasado, ese era Pablo. Él había perseguido a los cristianos, pero recibió el perdón y la gracia de Dios, y dejó el pasado a sus espaldas. El mismo Dios que mostró gracia, misericordia y perdón a Pablo está deseoso de mostrarle a usted gracia, misericordia y perdón. Su vida, igual que la de Pablo, puede ser totalmente transformada. Usted puede seguir el ejemplo de Pablo de olvidar lo que queda atrás a medida que prosigue hacia todo lo que Dios tiene para usted ahora y en el futuro.

Para pensar

1. Si la culpa y la vergüenza le han mantenido atascado en el pasado, ¿cómo le ha afectado eso?
2. ¿Le pedirá a Dios que le ayude a aceptar a su perdón y que le ayude a avanzar para así poder disfrutar del futuro maravilloso que Él tiene para usted?

CAPÍTULO 49

El tipo correcto de confianza

Filipenses 3:4-7

Yo mismo tengo motivos para tal confianza. Si cualquier otro cree tener motivos para confiar en esfuerzos humanos, yo más: circuncidado al octavo día, del pueblo de Israel, de la tribu de Benjamín, hebreo de pura cepa; en cuanto a la interpretación de la ley, fariseo; en cuanto al celo, perseguidor de la iglesia; en cuanto a la justicia que la ley exige, intachable. Sin embargo, todo aquello que para mí era ganancia, ahora lo considero pérdida por causa de Cristo.

No poner ninguna confianza en nosotros mismos es fácil si sentimos que no tenemos nada en lo cual tener confianza. Pero, si sentimos que tenemos motivos naturales para confiar en nosotros mismos, quizá batallamos para aprender que poner nuestra confianza en cualquier otra persona que no sea Cristo es una necedad.

Dios quiere que dependamos totalmente de Él, y no seamos independientes o autosuficientes. Jesús enseña que nosotros somos las ramas y Él es la vid, y nos insta a permanecer en Él. Dice que quienes permanecen en Él darán mucho fruto (Juan 15:4-5).

> Los dones de Dios, por medio de Cristo, llenan los tesoros del alma, llenan sus alegrías.
>
> Matthew Henry,
> Comentario completo
> (Juan 16:24)

Pensemos en una rama que se ha desprendido de una vid. El primer día después de estar desconectada, tiene muchas hojas llenas de vida. Tres días después, las hojas comienzan a resquebrajarse por los bordes, y podemos ver fácilmente que se están muriendo. Esto representa lo que nos sucede a nosotros cuando intentamos ser independientes de Dios y depender de nosotros mismos o de otras personas. Cuando no estamos conectados a Él, experimentamos una pérdida de satisfacción y éxito. Igual que las hojas en el ejemplo, veremos señales de sequedad y una disminución de nuestra calidad de vida.

Poner nuestra confianza en Dios no significa que no deberíamos intentar hacer cualquier cosa por nosotros mismos, o no cumplir las responsabilidades que Él nos da, sino que deberíamos hacerlas a la vez que dependemos totalmente de Jesús. Él quiere que maduremos espiritualmente y seamos responsables de nosotros mismos, pero siempre teniendo en mente su voluntad. Quiere que admitamos que necesitamos su ayuda para tener éxito en lugar de vernos a nosotros mismos como la fuente de nuestros éxitos.

La confianza en uno mismo está arraigada en una necesidad de sentirnos orgullosos de lo que hemos logrado, pero debemos evitar ese tipo de orgullo y la tentación de apropiarnos el mérito de nuestros logros. Oímos a personas decir: "Yo soy una persona hecha a sí misma". Eso significa que creen que tienen el tipo de vida que tienen porque han trabajado duro y la han creado sin ayuda de nadie. El mundo aplaude a la persona "hecha a sí misma", pero el éxito mundano y autogenerado entristece a Dios porque evita que la gente reciba de Él la ayuda divina que podría haber disfrutado. A pesar de cuán estupendas crean las personas que son sus vidas sin Dios, la vida siempre es mucho, mucho mejor con Él.

Una persona puede alcanzar el éxito ante los ojos del mundo y no tener paz ni alegría, que son las marcas verdaderas de éxito. Las personas tal vez tengan dinero, pero han utilizado a otros para conseguirlo. Se han perdido la alegría de amar verdaderamente a los demás y ayudarlos a tener éxito. Muchos que parecen ser las personas más exitosas del mundo son realmente muy infelices.

Jesús dice que quienes estén cansados y cargados pueden acudir a Él, y Él les dará descanso para sus almas (Mateo 11:28). Yo creo que esta invitación está dirigida a todas las personas que confían en sí mismas y están cansadas por intentar hacer las cosas en sus propias fuerzas.

Pablo tenía muchas cosas por las que sentirse seguro de sí

mismo, y podemos leer acerca de sus credenciales en Filipenses 3:5-6. Había estado orgulloso de sus logros difícilmente ganados hasta el día que tuvo un encuentro con Cristo y experimentó su gracia. Aquel día, Pablo comenzó a ver su vida de modo diferente. Entendió que nada de lo que hacía podría tener ningún valor a menos que Jesús estuviera en el primer lugar en su vida en todo momento y en todas las cosas. Lo mismo es cierto para nosotros. Aprender a encontrar nuestra confianza solamente en Cristo y darle gloria por todo lo que logramos y disfrutamos es una clave para tener alegría.

Para pensar

1. ¿Se ha sentido alguna vez seco espiritualmente? Si se ha alejado de Cristo, ¿cómo puede volver a conectar con Él?

2. ¿Cuál es la diferencia entre experimentar alegría verdadera y piadosa y disfrutar del éxito del mundo?

CAPÍTULO 50

Disfrute de su preparación

2 Timoteo 2:15

Esfuérzate por presentarte a Dios aprobado, como obrero que no tiene de qué avergonzarse y que interpreta rectamente la palabra de verdad.

En el versículo de hoy, Pablo escribe a Timoteo, alentándolo a prepararse bien para cumplir con el llamado de Dios en su vida. La lección en este versículo para cada uno de nosotros, ya sea que estemos en el ministerio a tiempo completo o no, es que deberíamos hacer todo lo que podamos para estar preparados para cumplir el plan de Dios para nosotros. Dios mismo no hace nada si estar antes preparado para hacerlo, y se ocupa de no lanzarnos a hacer su obra o cumplir los propósitos que tiene para nuestras vidas sin una preparación adecuada.

Sin importar lo que Dios desea que usted haga con su vida, quizá que sea maestro, médico, programador informático, papá o mamá que no trabaja fuera de casa, deportista, artista, pastor, maestro de la Biblia u oficial de policía, necesitará prepararse para saber qué hacer y cómo hacerlo. El entrenamiento será un escalón hacia el éxito.

> Me has dado a conocer los caminos de la vida; me llenarás de alegría en tu presencia.
>
> Hechos 2:28

Su proceso de llegar a estar preparado para todo lo que Dios tiene para usted puede significar estudiar en un instituto bíblico, estudiar en una universidad o una academia, o recibir algún otro tipo de equipamiento formal en el campo que Dios ha escogido para usted. Tal vez también significa pasar algunos años trabajando bajo la autoridad de otra persona para que así sepa cómo manejar su vida y su llamamiento en el futuro. Podría significar trabajar en un empleo que no le gusta particularmente para un jefe que no le cae muy bien, o trabajar horas que no son cómodas. También podría significar pasar algunos años en los cuales sus necesidades básicas están cubiertas pero, sin duda alguna, no vive con abundancia. Usted confía en Dios para obtener prosperidad, pero Él le está enseñando cómo manejarla cuando la reciba.

Cuando uso la palabra *prosperidad* no me estoy refiriendo a los recursos financieros. El dinero puede que sea parte de la prosperidad, pero también podemos prosperar en nuestra alma. De hecho, en 3 Juan 2, el apóstol Juan escribe: "Amado, deseo que seas prosperado en todo, y que tengas salud, a la vez que tu alma prospera" (RVC). Prosperidad en nuestra alma incluye amor, paz, alegría, fe, y disfrutar de lo que hacemos cada día. Muchas personas desean prosperar, pero no todas quieren prepararse para prosperar.

La preparación no está limitada al empleo o la vocación al que Dios nos llame. Tiene lugar en muchos entornos diferentes y tiene muchas fases distintas. Incluso en los últimos años de nuestra vida, la preparación es importante, a medida que nos enfrentamos a los retos y las transiciones de la edad.

Cada fase que atravesamos en nuestra preparación es importante, y hay lecciones que aprender en cada paso. Debemos "graduarnos", por así decirlo, de cada fase o nivel para pasar al siguiente, y esto se produce después de habernos mostrado aprobados en el nivel actual. Entre todas esas etapas de preparación hay mucha espera.

A menos que aprendamos a esperar bien, seremos infelices y estaremos frustrados, y nuestros periodos de espera serán difíciles en lugar de estar llenos de esperanza y alegría. Yo quiero ser alegre en cada periodo de mi vida, y estoy segura de que usted también lo quiere. Cuando podemos atravesar cualquier situación con alegría, sin importar su duración, somos más fuertes y más felices, e inspiramos a las personas que nos rodean a que sean también alegres.

¡Espero que disfrute cada aspecto de su viaje en la vida! Cuando llegue a un tiempo de preparación, entienda que está siendo entrenado y equipado para algo grande en el reino de Dios.

Para pensar

1. Considere el llamado de Dios en su vida. ¿Qué pasos necesita dar a fin de estar preparado para cumplirlo?
2. ¿Qué cambios puede hacer en su vida para encontrar una mayor alegría en los periodos de preparación a los que Dios le conduce?

¿Tiene usted una relación real con Jesús?

¡Dios le ama! Él le creó para que sea una persona especial, única, exclusiva, y Él tiene un propósito y un plan concretos para su vida. Y, mediante una relación personal con su Creador (Dios), puede descubrir un estilo de vida que dará satisfacción verdadera a su alma.

No importa quién sea usted, lo que haya hecho o dónde se encuentre en la vida ahora mismo, el amor y la gracia de Dios son mayores que su pecado: sus errores. Jesús dio su vida voluntariamente para que usted pueda recibir perdón de Dios y tener nueva vida en Él. Él está esperando a que usted lo invite a ser su Salvador y Señor.

Si está listo para entregar su vida a Jesús y seguirlo, lo único que tiene que hacer es pedirle que le perdone sus pecados y le dé un nuevo comienzo en la vida que Él tiene para usted. Comience haciendo esta oración…

Señor Jesús, gracias por dar tu vida por mí y perdonar mis pecados para que pueda tener una relación personal contigo. Siento mucho los errores que he cometido, y sé que necesito que me ayudes a vivir rectamente.

Tu Palabra dice en Romanos 10:9 que "si confiesas con tu boca que Jesús es el Señor y crees en tu corazón que Dios lo levantó de entre los muertos, serás salvo" (NVI). Creo que eres el Hijo de Dios y te confieso como mi Salvador y Señor. Tómame tal como soy, y trabaja en mi corazón, haciéndome la persona que quieres que sea. Quiero vivir para ti, Jesús, y estoy muy agradecido porque me estás dando un nuevo comienzo en mi nueva vida contigo hoy.
¡Te amo, Jesús!

¡Es maravilloso saber que Dios nos ama tanto! Él quiere tener una relación profunda e íntima con nosotros que crezca cada día al pasar tiempo con Él en oración y estudiando la Biblia. Y queremos animarle en su nueva vida en Cristo.

Por favor, visite https://tv.joycemeyer.org/espanol/como-conocer-jesus/, que es nuestro regalo para usted. También tenemos otros recursos gratuitos en el Internet para ayudarle a progresar en su búsqueda de todo lo que Dios tiene para usted.

¡Felicidades por su nuevo comienzo en su vida en Cristo! Esperamos oír de usted pronto.

Joyce Meyer es una de las principales maestras prácticas de la Biblia en el mundo. Como autora de éxitos de ventas del *New York Times*, los libros de Joyce han ayudado a millones de personas a encontrar esperanza y restauración por medio de Jesucristo. El programa de Joyce, *Disfrutando la vida diaria*, se emite en todo el mundo por televisión, radio y el Internet. A través del ministerio Joyce Meyer Ministries, Joyce enseña internacionalmente sobre varios temas con un enfoque particular en cómo la Palabra de Dios se aplica a nuestra vida diaria. Su estilo de comunicación informal le permite compartir de manera abierta y práctica sobre sus experiencias para que otros puedan aplicar a sus vidas lo que ella ha aprendido.

Joyce ha escrito más de 135 libros, que han sido traducidos a más de 160 idiomas, y se han distribuido más de 37 millones de sus libros gratuitamente en todo el mundo. Entre sus éxitos de ventas están: *Pensamientos de poder; Mujer segura de sí misma; Luzca estupenda, siéntase fabulosa; Empezando tu día bien; Termina bien tu día; Adicción a la aprobación; Cómo oír a Dios; Belleza en lugar de cenizas;* y *El campo de batalla de la mente.*

La pasión de Joyce por ayudar a las personas que sufren es fundamental para la visión de Hand of Hope (Manos de esperanza), el brazo misionero de Joyce Meyer Ministries. Hand of Hope realiza esfuerzos de alcance humanitario en todo el mundo, como programas de alimentación, cuidado médico y dental, respuesta a catástrofes naturales, intervención y rehabilitación en el tráfico de seres humanos, y mucho más, compartiendo siempre el amor y el evangelio de Cristo.

Joyce Meyer Ministries—África del Sur
P.O. Box 5
Cape Town 8000
South Africa
(27) 21-701-1056

Joyce Meyer Ministries—Francofonía
29 avenue Maurice Chevalier
77330 Ozoir la Ferriere
France

Joyce Meyer Ministries—Alemania
Postfach 761001
22060 Hamburg
Germany
+49 (0)40 / 88 88 4 11 11

Joyce Meyer Ministries—Países Bajos
Lorenzlaan 14
7002 HB Doetinchem
+31 657 555 9789

Joyce Meyer Ministries—Rusia
P.O. Box 789
Moscow 101000
Russia
+7 (495) 727-14-68

Straight Talk
Strength for Each Day
Teenagers Are People Too!
Trusting God Day by Day
The Word, the Name, the Blood
Woman to Woman
You Can Begin Again
*Your Battles Belong to the Lord**

* Guía de estudio disponible para este título

Libros en español por Joyce Meyer

Auténtica y única (Authentically, Uniquely You)
Belleza en lugar de cenizas (Beauty for Ashes)
Buena salud, buena vida (Good Health, Good Life)
Cambia tus palabras, cambia tu vida (Change Your Words, Change Your Life)
El campo de batalla de la mente (Battlefield of the Mind)
Cómo envejecer sin avejentarse (How to Age without Getting Old)
*Cómo formar buenos hábitos y romper malos hábitos (Making Good Habits,
Breaking Bad Habits)*
La conexión de la mente (The Mind Connection)
Dios no está enojado contigo (God Is Not Mad at You)
La dosis de aprobación (The Approval Fix)
Efesios: Comentario bíblico (Ephesians: Biblical Commentary)
Empezando tu día bien (Starting Your Day Right)
Hágalo con miedo (Do It Afraid)
Hazte un favor a ti mismo...perdona (Do Yourself a Favor...Forgive)
Madre segura de sí misma (The Confident Mom)
*Momentos de quietud con Dios, Devocionario (Quiet Times with God
Devotional)*
Mujer segura de sí misma (The Confident Woman)
No se afane por nada (Be Anxious for Nothing)
Pensamientos de poder (Power Thoughts)
El poder de la gratitud (The Power of Thank You)
Sanidad para el alma de una mujer (Healing the Soul of a Woman)
*Sanidad para el alma de una mujer, Devocionario (Healing the Soul of a Woman
Devotional)*
Santiago: Comentario bíblico (James: Biblical Commentary)
Sobrecarga (Overload)
Sus batallas son del Señor (Your Battles Belong to the Lord)

Termina bien tu día (Ending Your Day Right)
Tienes que atreverte (I Dare You)
Usted puede comenzar de nuevo (You Can Begin Again)
Viva amando su vida (Living a Life You Love)
Viva valientemente (Living Courageously)
Vive por encima de tus sentimientos (Living Beyond Your Feelings)

LIBROS POR DAVE MEYER

Life Lines